ちくま文庫

禅談

澤木興道

筑摩書房

禅談【目次】

禅談

最高の幸福

辻占根性《つじうらこんじょう》

一体、人間の幸福ということはどんなことか、めでたいということはどんなことか、物をもらったらめでたいのか、酒をよばれたらめでたいのか、嫁さんもらったらめでたいのか。

一休という親爺さんは、

元日や冥途《めいど》の旅の一里塚　めでたくもありめでたくもなし

という縁起の悪いことを言いよる。もうちっとあっさり、めでたいと言えんものか、こう念の入った頭を持つと正月も何にもならん。なるほど考えてみればそうにも違いないが、また世の中はそうでもない。

私の友達の本派本願寺の僧侶が、私に年賀状をよこした。「貴宗師に於ては、めでたくもありめでたくもなしと存じ候へども、先ずは凡夫《ぼんぷ》並みにて謹賀新年」と書いてある。これは一休さんの歌があるもんじゃから、この男も、澤木のような男にはただ真直ぐに「おめでとう、謹賀新年」ぐらいでは後で皮肉を言われるとでも思ったのだろう。

禅というものはそんなものだろうか。そんなに皮肉った念の入った、けったいなものなのか。どんなにめでたいことでも悲しくなり、どんなに悲しいことでもめでたくなる。ちょっとの要領で悲しいこともめでたくなり、めでたいことも悲しくなる。

道元禅師の御著述『正法眼蔵《しょうぼうげんぞう》』の中に有時《うじ》という巻がある。その中に「めでたいも時《とき》なり、悲しいも時なり、うまいも時、味無いも時、嬉しいも時、暑いも時、寒いも時、嗚呼《ああ》時なり」という意味のことが書いてある。

借金で首の回わらぬ年の暮、こうしておれば元旦がくる。じっとしてさえいれば、コケコッコー、おめでとう！　朝風呂、屠蘇《とそ》、お雑煮《ぞうに》というようなものである。一体それはめでたいのか悲しいのか。宗教的に考えると、めでたいというも悲しいというも内面の問題で、自分自身が永遠にめでたくなるということが肝心じゃ。

それをたいがいの人間はその場限りのことで「どうぞまあ都合よう行けばよいがなあ……」と、こんなあやふやなことばかり考えている。箸《はし》を立てて右に倒れればめでたい、左に倒れればめでたくないと言う。割箸を割ると楊枝《ようじ》が出てくる。辻占《つじうら》が出てくる。碌《ろく》なことは書いてないけれども、吉事《きちじ》が書いてあると喜ぶ。そして誰でもあれを見る。私どもも見る。よいのが出るとやはりよい気持ちがする。坊主の悪口が書いてあるとあまり気持ちがよくない。こんな辻占根性で、あやふやに暮らさずに決定的にめでたい人間になる法があるのかないのか。そこの秘伝が私は仏法だと思う。いわゆる主観、内面の事実が決定的にめでたくなることだ。私はもう痛快でたまらぬ。仏教というものはめでたいづくめじゃ。おれはまあよう坊主になったと思う。めでたくないことなしで一生を終われる。朝から晩までめでたいことばかりじゃ。

オギャアーと生まれてから過去、現在、未来、永劫《ようごう》にめでたい。まあ私には嫁さんがないから子は出来ぬだろうが、これで悲しいこともなし、不幸なこともなし、もうめでたいことばかりで一生を終わるんじゃろと思う。そこが仏教の貴いところですね。悲しいことなし、決定的にめでたいのである。ところが人間は「どうぞして都合よく行けばよいが、どないになるのだろう――」「おれの名前をつけ変えなきゃいかぬかな、おれの名前が悪いのでこんなに金が儲《もう》からない、こんなに月給が上がらん、なんぞよい方法がないかなー」、そんなことを探して暮らしている。それが私は迷いじゃと思う。

あやふやで、犬が餌を探すように鼻をクンクン鳴らして幸福を探している。一生幸福に行き当たらず、結局そこら辺でズボッと棺桶《かんおけ》の中に入る。気の毒なものだ。そんなあやふやを解決して、絶対にめでたい世界へ行く秘訣が仏教である。

御幣《ごへい》かつぎ

仏教を知らないで、仏教の外側を見て、お葬式が仏教だぐらいに見ているから、私らと朝会うと、「ウワッ、縁起が悪い」と言って塩を撒《ま》いたり回われ右をしよる。こんなめでたいお方に朝お会いなさっているのに、何というバカな話だ。こういう連中が、名前を変えたり八卦《け》を見てもらったりする。

昔、エライ御幣《ごへい》かつぎがおった。大晦日《おおみそか》の晩に女中や男衆《おとこしゅう》を追い回わして、元旦早々掃除しては福の神が出て行くから、今晩のうちに掃除せよと夜中まで大騒ぎをした。ようやくそれが済み、宝船を飾り若水を取って、さあ、めでたいことばかり言えよ、縁起の悪いことなぞ言うんじゃないぞと、柏手《かしわで》を打《う》って神様を拝んで、ひょいと隅を見ると黒い変なものがある。何じゃこれはと、ちょっとつまむと、女中がゆうべ雑巾掛《ぞうきんが》けしたその切れが落ちていた。「ウワッ、元旦早々から雑巾をつかんだ。縁起が悪い。屠蘇《とそ》も止《や》めや、年賀も止めや、めでたいことはあらへん」と泣き顔した。そこへ近所の粋《いき》な手合《てあ》いがやって来て、「おめでとうございます」「何がめでたい、今年はダメや、元旦早々雑巾をつかんだ、もう縁起が悪うて……」と泣き面している。「雑巾をつかんだのなら、そりゃめでたい」「そんなことがあるかいな。元旦早々なぶりなはるな」「いや、そりゃめでたい」「何を言うてる、雑巾をつかんだのやがな」「それが本当にめでとうございますぜ、今よい句が出来ましたのじゃ」。

　雑巾を当《あ》て字に書けば蔵《くら》と金《かね》　あちら福々《ふくふく》（拭《ふ》く拭《ふ》く）こちら福々《ふくふく》

「ウワッ、めでたい、さあ酒一升持って来い。こりゃとてもめでたいことになった。羽織《はおり》出せ、袴《はかま》出せ」、それから一杯祝ったという。

　これは雑巾を当て字で書いたらめでたくなった。妙な話ですね。めでたいと言えばめでたい。悲しいと言えば悲しい。嬉しいと言えば嬉しい。当て字で書いたり本字で書いたり、都合がよかったり、都合が悪かったりして、まごついているのが凡夫《ぼんぷ》である。そこを決定的にめでたくなるのが仏教の安心というものである。

生活の大転換

　次にこんな話がある。ある人が年賀に行こうと思って門口に出た。門松の所へ来ると、そこに泣《なき》みそが一人泣いていた。「あら、あんな所に泣みそが泣いている。縁はダメじゃ。もう年賀は止めだ。羽織《はおり》も袴《はかま》も要らん。もう今年は縁起が悪い。元日早々泣みそを見た。一つ口直《くちなお》しにお寺へ行って和尚さんと遊んで来よう」。そこでびっくりしている妻君に平常《ふだん》の着物を出させてお寺に行った。「和尚さん、今年は縁起が悪い。元日早々から門松の所で泣みそが泣いておりましたんや」「泣みそが泣いていた。それでどうした」「こんな縁起の悪いことはない。今年は正月は止めです」「それは何でじゃ」「縁起が悪いじゃありませんか、元日早々泣みそなんて」「いやそれは面白い。めでたい」「何がめでたいのです」。それから和尚がよい句を作って聞かせた。

七福に貧乏神が追い出され　門《かど》のほとりでわいわいと泣く

「ウワッ、エライ。これはめでたい。なるほど、じゃ家で嬶《かかあ》も心配しているから、早速帰ってそれを聞かせてやりましょう」と飛んで帰って来て、「おい、泣みそはあれはめでたいぞ」「何を言ってるのや」「いやめでたいのや。今お寺の和尚さんに聞いて喜んで帰って来た。こういう歌だ。七福が貧乏神に追い出され、門のほとりでわいわいと泣く。めでたいだろう」「それが何でめでたいのです」「めでたいじゃないか、七福が貧乏神に追い出され門のほとりでわいわいと泣く」「ちょっともめでたくはないですよ」「何を言うてる……七福が貧乏神に追い出され、門のほとりでわいわいと泣く……おや？　なるほどこれはめでたくないぞ、和尚から一杯食わされた。だんだん縁起が悪い。和尚に談判《だんぱん》して来よう」とまたお寺へ来て、「和尚さん、あまりバカにしなはんな、ちょっともめでたくないじゃありませんか……七福が、貧乏神に、追い出され、門のほとりで、わいわいと泣く」「何を言うてるんじゃ、あんたそれはがとにの付け所が間違うている」「そうですか、和尚さんもう一度言うてみて下さい」「七福に貧乏神が追い出され門のほとりでわいわいと泣く」「なるほど、そうじゃ、嬶《かかあ》のやつがごまかしやがった、ちょっと何かに書いて下さい、間違うといかんから……」。それから和尚が手紙に書いてやった。これでめでたい正月をしたという話がある。

これはほんの通常《あたりまえ》の話であるが、実際人生というものがめでたいものか悲しいものか、人生、食うために坐禅するのか、坐禅するために食うのか、食うために念仏申すのか、念仏のために食うのか、ここが分からない。肥前《ひぜん》の国の七十になるある爺さんが「貴様食うために働くのか、働くために食うのか」と私から言われて、こういう恐ろしいことは、かつて無かったと言った。食うために働くのか、坐禅するために食うのか、食うために坐禅するのか、ここの往復にどえらい違いがあるのです。例えば食うために念仏申す念仏業の人がある。私の知っている河内国《かわちのくに》のある坊さんは「和尚さん、おはようございます」と人がやって来ると、「南無阿弥陀仏、南無阿弥陀仏」と言って通る。遠い方へ行ってしまうと鼻歌を歌って行く。職業意識が多分に働いている。これは食うために念仏申すのである。そんなことを法然上人は教えておらない。念仏申すために今日は生きておらなければならんと教えられている。我々は坐禅のために祖師道のために、本当に生きた生き方をするために、食わなければならんし、学問もせなければならんし、いろいろの生活をしなければならん。

私はいつも棒を一本引いて、これで仏様と私と引っぱり合いをしていると言う。どちらが強いか。仏を引き入れてこっちの餌《え》としようというのが凡夫澤木である。どちらへ引っぱるのが本当であるかというのが仏法の根本問題である。たいていの場合は、澤木そのものが偉くなろうと思うことが多いのです。澤木が偉くなろうとするのです。澤木の内容を豊富にして、人間の中で押し合いをして、押しも押されもせぬ人間になろうと思う。こういう気持ちで学問をしよう、修行をしよう、戒法を保とう、嫁さんも持たず精進物で澤木の内容を豊富にして、押しも押されもせぬ凡夫を作ろうと思うのですから、とりもなおさず妄想です。妄想であるから、どれだけ偉くなっても、悧《り》口《こう》になっても、たとえ一切経《いっさいきょう》を諳《そら》で読んでも、つまらんことです。

ところがその反対に澤木が仏法から引っぱられる。仏法の方へ引っぱられる。こいつは坐禅も嫌《いや》だ、仏法なんか嫌いだと言っても、どうしても仏法の方へ引っぱられる。ちょうど牛が鼻を引っぱられるように、仏法からぐんぐん引っぱられて行くのが、善い因縁とか有難い因縁とかいうのである。道元禅師の「生死《しょうじ》」の巻という書物に「ただ、わが身《み》をも心《こころ》をもはなちわすれて、仏の家《いえ》になげいれて、仏のかたよりおこなはれて、これにしたがひもてゆく時、ちからをも入れず、こころをもつひやさずして、生死をはなれ仏となる」と仰《おお》せられている。これがすなわち仏道の根本問題である。澤木が引っぱるか、仏が引っぱるか、どちらが引っぱっているかという問題である。ただ頭を剃《そ》ったから仏道に入ったというわけではないし、精進物で飯を食ったから仏道というわけではない。嫁さんを持たぬから仏道というわけではない。それは芝居で念仏申すのと同じだ。「おのれ覚悟はよいか」「南無阿弥陀仏」、これは宗教とは何の関係もない。

仏道から引っぱられて、この凡夫根性の僻《ひが》みがなくなり、仏道のままに引っぱられて行く、それが信仰生活である。これが一ばんめでたい。そこで生活の大転換が起こるわけである。

道心と智慧

六祖大師《ろくそだいし》の弟子の永嘉《ようか》大師の書かれた『証道歌《しょうどうか》』の中に「二乗は精進して道心《どうしん》無く、外道《げどう》は聡明にして智慧なし」とあるが、これは非常に素晴らしいことである。二乗は声聞《しょうもん》と縁覚《えんがく》のことです。精進とは進んで退《ひ》かず、善に進み悪を止《とど》めるという勇敢なことです。一直線に勇敢に修行することです。すなわち二乗は精進努力するけれども道心がない。道心とは泣みその話の、仮名の置きようで気持ちが変わるのとは違って、絶対に不幸を封じ込んで絶対幸福ばかりになることです。道心がありさえすれば一切のところに幸福があるわけである。どこへ行っても幸福である。不幸な所がなくなる。不幸な時がなくなる。道心とは愉快なものである。

ある者は「おれは実際言うたら意志の弱い奴《やつ》であったが、貧乏人の子に生まれたために、どうやら一本立ちができるようになった。これが金持ちの家に生まれた箱入息子であったら、温室の花のように世の中に出て揉《も》まれたらヘナヘナになって一ぺんに萎《しぼ》んでしまう。これは貧乏のおかげである」と言う。またある者は「おれみたいなバカな者が、親が学資金を出してくれたので、肩書も付けてどうやら飯も食えるが、これは学資金のおかげである」と喜ぶ。こうして道心がありさえすれば、いずれを向いても喜ぶことができる。災難が来たら、ここが鍛錬の仕所《しどころ》である、男一匹こういう時に鍛錬しなければならんという気持ちになる。男として痛快な、生まれ甲斐のあるわけである。

「二乗は精進して道心なく」——二乗はどれだけ努力しても、自分だけ楽をしよう、自分だけ再び生死界《しょうじ》に迷わないようにしようと、自分だけのための精進であるから道心がない。道心とは、私とあなたとぶっ続きの要領を呑み込むことです。この要領が呑み込めたら道心が起こるわけです。たいていの者は、あなたのためでなく、自分のためにばかりぶすぶす考えている。人知れず人のために考えてやろうというような者はない。たまには恋人のために人知れず考える人はあるが、たいがいは、おれのためで、他人《ひと》のために考えるなぞということは滅多にない。恋人のためでも、馴れたらそんなことは考えなくなる。たいがいの場合、我が身だけのためである。これが二乗である。

「外道は聡明にして智慧なし」——外道とは仏教以外の諸々の邪見である。近頃の言葉でいうと思想が右とか左とかいうが、これが邪見である。自分の学んだ学問のために瞞《だま》されるのだから度《ど》し難《がた》い代物《しろもの》である。昔ある人が禅僧から手紙をもらった。披《ひら》いて見ると白紙が一枚入っている、いくらすかして見ても何も書いてない。そこで、その人は、この白紙を「万里同風」と読んだ。お互い様というわけである。この白紙になりきるには聡明ではいかん。いくら聡明でもいくら精進してもいかん、智慧がなければいかん。我々人間にはこの智慧と道心が要《い》る。道心を福といい、智慧を徳という。この福と徳がなければならん。

仏教ではよく福と徳というが、元旦早々からお年玉のよいのをもらったからといって、あるいは、たいそう酒を御馳走になったからといって、それがめでたいわけではない。かえって二日酔して頭が痛むくらいである。人間の一ばん大きな福と徳とは道心と智慧である。これさえあればよいのである。

久《く》遠《おん》の生命

禅寺では充分この福と徳とを反省しなければならんというので、元旦にその儀式がある。先ず午前三時に起きて坐禅するのが普通である。それから祝聖《しゅくしん》といって天皇陛下の聖寿万歳を祝福する祈禱をやる。それからいろいろの行事があって、三ヶ日間の儀式がある。先ず一ばんに修正会《しゆしようえ》というのがある。これは国家の宝祚長久《ほうそちようきゆう》を祝福する。奈良の大仏さんは修正会の祈禱の堂宇である。そうして五日には事始め説法始めをする。また五日は達磨日であります。ことに元旦には上堂というのがあるが、これは厳かな儀式で、この上堂の法語が古来たくさん残っている。

大智禅師の元旦の詩にこういうのがある。

新年仏法問ニ如何一　(新年の仏法如何《いかん》と問わば)
開レ口不レ須レ説ニ似他一　(口を開いて他に説似《せつじ》することを須《もち》いず)
露出東君真面目　(露出す東君真《とうくんしん》の面目《めんもく》)
春風吹綻臘梅花　(春風《ふ》吹き綻《ほころ》ばす臘梅花《ろうばいか》)

この元旦の詩は非常に結構なもので、まだ他に二首『大智禅師偈頌《げじゆ》』に載っているが、この詩も動物としての人間、夢幻《むげん》、泡影《ほうよう》のような人間を、永遠の仏陀、久遠《くおん》の我れとして生きさせようとするのであって、これが仏教の根本問題であり、しかもそれが一ばんめでたいのである。ことに元旦、我々がもう永遠に死なない人間になるというのは我々の生活の大転換である。ぜひ我々の行くべき道である。それがために元旦の上堂にも、元旦の説法にも、この仏道を本当に挙揚《こよう》し、仏道を説くということがこのうえもなくめでたいことである。人間はただ放っておけば一匹の動物で、色気と食気だけで、あとはゼロである。それから金が欲しい、家が欲しい、玩具が欲しいと言う。この玩具が成人するにつれて念が入る。初めは母の乳房でよかったが、キャラメル、毬《まり》、写真機、自転車、だんだん年寄ると骨董品《こっとうひん》を欲しがったり、掛け物を欲しがったり、それで最後は棺桶《かんおけ》である。

食物にしても馬ならば草ばかり食っているが、人間は酒を呑み、刺身を食い、中国料理結構、鰻《うなぎ》も結構、奈良漬で茶漬一杯もなお結構という具合に、なかなか念が入っている。ただ玩具や食物に念が入っているだけでは、法界《ほっかい》からよく見つめたら、ただ一匹の動物にすぎない。科学者が言うように、生物の本能から見たらただ一匹の動物であって、また本能というやつが、どうせ消えて行く夢幻《ゆめまぼろし》のようなものである。この人間が永遠の生命、久遠の仏陀として生命を奪い返そうというのが仏教である。そこで元旦のめでたいことに因《ちな》んで、仏道というものを根本から説くというのは当たり前の話である。

長生きと言ったところで何歳まで長生きできるものか知れたものじゃない。私は二十五のとき日露戦争に行って、首山堡《しゅざんぽう》で弾丸《たま》が左の頬から右の頸《くび》へ抜けて、死んだようになって倒れていた。あのとき死んでいたら三十年も昔に満洲の土になっていたわけだ。去年満洲に行って首山堡に登り、自分が昔号令《ごうれい》をかけた所を上から眺めて、あそこでやられたのだなあと思って、自分の墓詣りをしたような気がした。どうせあのとき死んでいたところで損得なしじゃ。けれども我々のせんならん仕事は、動物並みの人間をこっちへ来いと言って、ウンと鼻面を一つ向け直し、我れと彼と共に永遠に死なない人間にすることである。これがめでたいのである。

元旦に人事行礼《にんじぎようれい》といって、おめでとうという挨拶をする。方丈《ほうじよう》を前に置いて香《こう》を焚《た》いて、「此《こ》の日《ひ》改歳《かいさい》の令辰謹《れいしんつつし》んで嘉悰《かそう》の儀《ぎ》を伸《の》ぶ、即日《そくじつ》気運極めて寒し、恭《うやうや》しく惟《おもんみ》れば堂頭和尚尊侯起居万福《どうちようおしようそんこうききよばんぷく》」と言ってお辞儀《じぎ》する。「どうぞおまめさんで……」ということである。こんな肉体のごとき体温計の上がったり下がったりする、垢《あか》のついた体を別に大切にというのではない。真に仏道に仕える身を大切にというのである。

持場を守る

そこで何がめでたいかを工夫参究する。正月の工夫です。一ばんめでたいものになりたい。めでたくありたい。めでたくしたい。私は道元禅師の歳朝《さいちよう》の上堂《じようどう》、元日の説法を紹介したいと思う。

歳朝上堂　（歳朝《さいちょう》の上堂《じょうどう》）
挙宏智古仏住二天童一　（挙《こ》す宏智《わんし》古仏《こぶつ》天童《てんどう》に住す）
歳朝上堂曰　（歳朝上堂して曰《いわ》く）
歳朝坐禅万事自然　（歳朝の坐禅万事自然《ばんじじねん》）
心々絶待仏々現前　（心々絶待仏々現前《しんしんぜったいぶつぶつげんぜん》）
清白十分江上雪　（清白《せいびゃく》十分江上の雪）
謝郎満意釣レ魚船　（謝郎満意魚を釣る船）
参　（参《さん》）
師曰大仏拝二読其韻一　（師曰く大仏その韻《いん》を拝読せん）
良久曰　（良久《りょうきゅう》して曰く）
大吉歳朝喜坐禅　（大吉歳朝喜んで坐禅す）
応レ時納レ祐自天然　（時に応じて祐《ゆう》を納《い》れ自《おの》ずから天然）
心々慶快笑二春面一　（心々慶快《しんしんけいかい》して春面《しゅんめん》を笑《え》ましめ）
仏々牽レ手入二眼前一　（仏々《ぶつぶつ》手を牽《ひ》いて眼前《げんぜん》に入《い》る）

呈レ瑞覆レ山盈尺雪　（瑞《ずい》を呈《てい》し山を覆《おお》う盈尺《えいせき》の雪）
釣レ人釣レ己釣レ魚船　（人を釣り己《おのれ》を釣り魚を釣る船）

宏智《わんし》という大徳が中国浙江省の大きな寺におられた。これが有名な天童山《てんどうさん》である。道元禅師もここで修行遊ばされた。この宏智禅師の歳朝上堂の第一のお言葉に「歳朝の坐禅万事自然」とある。これは有難いお言葉である。坐禅とはどんなものかというに、どんな学者も学問を捨て、金持ちは金を捨て、智慧者は智慧を捨て、弱い者は弱さを捨て、貧乏人は貧乏を捨て、一切を投げ出して坐るのです。ただ坐るのです。私がよくいう言葉ですが、自分になりきる。私が私になりきる。あなたがあなたになりきる。山が山になりきる。茶碗が茶碗になりきる。一切の物がそれ自身になりきる、それが坐禅です。

出る息がフーと出る。入る息がスーと入る。澤木がこうしてスッと坐ったきりである。そうして限りない宇宙と一緒になっている。坐禅は宇宙の全景を宇宙の全景のままにしておくものである。茫々《ぼうぼう》として限りないものを限りないままにしておき、手は手で足は足、鼻は鼻、頭は頭、臍《へそ》は臍でそのままにしておくことである。

昔ある男が、雪の朝まだ寝ていると、男衆が雨戸をガラガラと繰り出して「旦那様、今日はえろう雪が降っておりますよ」「そうかどのくらいか」「深さは五寸ばかりですが、幅は知れません」と言ったという話がある。この幅の知れんのが宇宙の不可解であり、真理である。この幅の知れないのを幅の知れないままにしておく、それになりきるのが坐禅である。その幅がなんぼあるかと寸に取って歩くような愚かなことはしないわけである。その知れんままにしておるのが「万事自然《ばんじじねん》」です。富士の山を高いままに眺め、雲がかかったらかかったままに眺めて、それをどうもしない。本分《ほんぶん》に安住している。かくかくのものがかくのごとく安住している。低い所が低く、高い所が高くて万事自然である。人間の体もこの通りで首は上に位《くらい》し、足は下にいる。前後別あり左右定まる。こういうのが万事自然である。各々その持場々々を守って素直にして少しも不平を言わず腹も立てない、調子づいてもいなければ悲観もしていない、如《にょ》法《ほう》に安住し本分に安住しているのである。これがいつも私の言う「打《う》ち方止《かたや》め」である。

おれの鼻で息をする

「心々絶待仏々現前《しんしんぜつたいぶつぶつげんぜん》」——心々絶待ということは自分、自己を発揮することである。

何が運が悪いと言っても、何が可哀想と言っても、何が憐《あわ》れむべき者と言っても、自己を冒瀆《ぼうとく》する者以上のものはあるまい。金があるから立派な人間で、金がないから立派な人間でないという理屈はない。これを「人々絶待《にんにん》」としてもよい。よく人々は位《くらい》の高い人をたくさん並べて誰が一ばん偉いだろうなどと言うが、そんな僻《ひが》んだこと言わんでもよい。私はいつも「おれだ」と言う。「なんだ、あんな乞食袋を提《さ》げて……」と他人《ひと》は言うかも知れないが、しかしおれは他人の鼻を借りて息をしておらん、おれはおれの鼻で息をしているんだ、自己を冒瀆せず、自己を極度に発揮するのが成仏《じょうぶつ》ということです。

成仏というのは、おれがおれになるということである。それを反対に「あいつ成仏しよった」と言うのは泣寝入りした者によく言う。「あいつ、もがきやがったが、とうとう往生しやがった」と言う。これは弱い奴である。少しも、もがかないのが成仏である。

たいていの者はどこぞうまい餌がないかと探し歩くが、一生幸福に遇わずにグルグル舞いをしている。本当に自分の個々の足場をグッと踏みしめるのが幸福であり成仏である。つまり自己を発明することである。肥前佐賀の肥前論語《ひぜんろんご》、一名葉隠論語《はがくれ》、鍋《なべ》島《しま》論語の中に「釈迦も孔子も達磨も楠公《なんこう》も武田信玄も上杉謙信も鍋島の藩でないから」と書いてある。釈迦も孔子も達磨も楠公もと、こう並べたところが痛快である。武田信玄も上杉謙信も鍋島の藩じゃない。そうすればドイツもフランスもイギリスもアメリカも、ムッソリーニもヒットラーも問題じゃない。そんなものはどうでもよい。そうして、しんみりと自己に親しみ最高最上の自己を冒瀆しないで、外国人にかぶれないで、本当の自己を見出すということが、これが何より我々の幸福というものである。「心々絶待」である。そこで「仏々現前」する。絶対自己を冒瀆しない、それがそのまま仏である。その身そのまま冒瀆さえしなければ、眼糞《めくそ》がついていたらいるまま、白粉《おしろい》がはげたらはげたまま、巾着《きんちゃく》が空《から》っぽになったら空っぽのままで仏様ぞという、そこが「仏々現前」である。

熊本の第五高等学校長の溝口という人は、土佐の人で故首相浜口さんと中学時代に同窓であったが、あるとき、学生が、「先生、あなたは浜口総理大臣と同窓だったそうですが」と言ったところが、溝口校長は「浜口は政治はおれよりましじゃが、教育ではおれが上じゃ」ときめ込んだものである。人間にこの肚《はら》がなければ生きている甲斐がない。私は誰にも遠慮しない。たとえ西郷さんと並んでも、政治家や軍人では向こうが上じゃが、坊主じゃおれが上じゃ。これでよいわけである。どっしりと、自分というものを強く大地に落ち着ける、これがすなわち仏々現前である。その下の句に「清白十分江上の雪《せいびやく》、謝郎満意魚を釣る船」とある。これが坐禅である。自己と宇宙とのぶっ続き、我れもなく宇宙もなく、天地と我れと同根、万物と一体というところを「清白十分江上の雪」と言ったのである。

謝郎というのは、昔、玄沙《げんしゃ》の師備《しび》という人が、三十幾つまで親爺と二人で魚取りをしておった。ところが親爺がドボンと河へはまった。あっと思って親爺を救おうと船《ふな》竿《ざお》を出そうとする一刹那、「はあー、我々は水の中の動物を引っぱり上げて親子がこうして暮らしているが、どうせ親爺も死ぬ、おれも死ぬ、あるいは嬶《かかあ》をもらい子ができる、そしてまた子を産む。なんだバカらしい。もうこんなことは二度と繰り返すのはバカくさい。やれやれ南無阿弥陀仏」と言って、水の中にはまった親爺をそのままに、頭をクルリと剃って坊主になった変わり者である。これが三番目の息子であったから謝三郎と言い、謝郎と言ったのである。今のその場合のことを精いっぱいと言うのである。それが「満意」で力のありっきりである。前の句に「江上」とあるから「魚を釣る船」として、我々が幸福を求めることを表徴《ひようちよう》したのだ。人生我れら一切衆生が天地いっぱいの大きい幸福を求める船、それを「魚を釣る船」とした。そうして宏智《わんし》禅師は「参《さん》」といって、よくこれを参禅工夫せよと法語を詠《よ》まれたわけである。

絶対のめでたさ

これを次韻《じいん》されたのが道元禅師である。次韻というのは他人の詩の韻字をもって別に詩を作ることである。「師曰く大仏その韻を拝読せん」——大仏というのは禅師御自身のことである。永平寺のことを昔は傘松峰大仏寺《さんしょうほうだいぶつじ》と言ったものである。それが吉祥山永平寺と変わった。それはずっと後のことである。禅師のおられたときは大仏寺と言ったから、道元禅師のことを大仏と言ったのである。そこで大仏その韻を拝読せん、——この大仏がこれに次韻し和韻をしてみようとおっしゃって「大吉歳朝喜んで坐禅す」と言われたのである。

これがまた大事なことです。自己の生活を冒瀆しないことです。永遠の生命に蘇《よみがえ》ったことである。

さて今その蘇る法はどうするか。それには坐禅をするのです。「大吉歳朝喜んで坐禅す」で、こいつを悲しんで坐禅したのでは何にもならん。これを大吉歳朝坐禅を喜ぶと訓《よ》んでもよい。坐禅をすることを喜ばなくてはいかん。つまり生命の吹き返しを喜ぶ、本当の自己になることを喜ぶのである。

「時に応じて祐《ゆう》を納《い》れ自《おの》ずから天然」——祐というのは幸福ということであります。いかなる場合も時に応じて幸福を受けるというのが宗教的鍛錬ということであります。小言《こごと》をいう奴はどんなときでも小言をいう。年百年中ブツブツ小言をいっている者がある。我々は時に応じて祐を納れ、永遠にこの幸福というものを取り失わない人間にならねばならん。そうすればどこにでも天真爛漫の、実に朗《ほが》らかな世界が待っているわけであります。

「心々慶快《しんしんけいかい》して春面《しゅんめん》を笑《え》ましめ」——やれ嬉しいことだ、やれめでたいことだ、よう人間に生まれてよかった、これで一生人間に生まれた甲斐があったぞ、これが人間に生まれずに馬に生まれたらどうか、牛に生まれておったらどうか、ロースがよいとか、悪いとか言って食われてしまう。動物並みでなかった、神さん並み、仏さん並みに一生を終わった、ここが「心々慶快して春面を笑ましめ」……おめでとうということである。

「仏々手《ぶつぶつて》を牽《ひ》いて眼前《げんぜん》に入《い》る」——四方八方から仏さんがこちらへ来い、こちらへ来いということになる。これが越前であるから、やはり今度も雪が出てくる。「瑞《ずい》を呈《てい》し山を覆《おお》う盈尺《えいせき》の雪」――山いっぱいの雪が降った、いわゆる瑞気が満ちた、幅の知れん雪が満ちた、天地いっぱいに雪が満ちたわけである。

「人を釣り己《おのれ》を釣り魚を釣る船」――このめでたさによって己れを度《わた》し人を度して天地いっぱいがめでたい。このめでたいということは、自分一人よいことをして自分一人内緒で盗み食いするような、虫のよいことではない。久遠にめでたい、絶対にめでたい、それが悟りというものである。

五武器と化物

昔、五武器という武道の達人がおった。五つの武道の達人である。弓と棒と槍と剣と長太刀《ながだち》であったが、このどの武術にも達しておった達人であった。

これはお経の中にあるのですが、この武士が諸国を武者修行して歩いた。あるとき山の麓から峠へ差しかかろうとすると、麓の里人が「あの、お侍《さむらい》さんお侍さん、この山には恐ろしい化物《ばけもの》がおって、どんな者でも取って食いますから、この山に入らず、少々遠回わりしても、もっと麓を回わって行きなさい」と注意した。するとこの五武器の言うのには、「おれはどんなものにも恐れない修行をしたから、こんな山くらい構わない」「よしたがようございますよ」と止めるのも構わず、五武器はその山へどんどん入って行った。

すると向こうから恐ろしい化物が眼の玉をキラキラさせて大きな口を開いてやって来た。そうすると、こっちから弓に矢を番《つが》えてピュッと射たところが、向こうの恐ろしい化物にはその鋭い矢も刺さらない。しかも体に粘着力があってピシャッと矢がひっ付いてしまう。有る限りの矢を射たが、みなピシャッとひっ付いてしまって、矢が無くなった。今度は、槍をピュッと突き出したが刺さらない。引き抜こうと思ったところが、これまたひっ付いてしまって離れない。とうとう槍を取られてしまった。今度は長太刀《ながだち》を振り回わして斬りかかったが、これもまた向こうの向脛《むこうずね》にピシャッとひっ付いてしまった。今度は、しようがないから棒を振り回わして行ったが、棒もまた向こうの横腹へひっ付いてしまった。今度は剣を抜いて行ったが、剣も向こうの体へひっ付いてしまった。今度はもう、しようがないから拳骨《げんこつ》を振り回わして行ったが、拳骨がコツと当たるとまたピシャッと付いた。左の方もピシャッと付いてしまった。今度は足で蹴ったが、足も両方ともくっ付いた。最後に頭をゴツンと打ちつけたが、頭もピシャッとくっ付いた。とうとう黐《もち》にひっ付いた蠅《はえ》のようにひっ付いてしまった。そこでその化物が、さあどこから食おうか、頭からかぶりつこうか、手を引き抜いて食おうか、と見たところが、侍はじっとしている。ちょっともバタバタしない。化物は不思議に思って、たいがいの奴はバタバタ最後までもがくのに、こいつはちょっともバタバタしない、なんでバタバタしないのか、不思議でたまらぬ。そこで聞いた、「これ、木っ葉《こっぱ》、たいがいの者は助けてくれとか、ウワッとか言うのに、貴様はちょっともバタバタしない、何も言わない、一向張り合いがない、一体どういうわけで落ち着いているのだ」。

するとと五武器が言うのに、「そうじゃ、貴様はおれを食おうと思っているが、おれというものは貴様の眼に見えるような、そんな小さいものではないのだ。おれというものは天地いっぱいのものだ。その天地いっぱいのものを食おうなんて……、このおれの中に貴様があるんだ。そのまた貴様が天地と一体であるから貴様の中におれがいるんだ。貴様は食おうと思っているが、貴様の食うのは貴様の中のおれを食うことになるのだ。それはおれの中の貴様がおれの中のおれを食うので、なにも別に貴様がおれを食い終えるものではなし、おれがまた食われてしまうわけでもなし、例えて言うならば蛸《たこ》が自分の足を食っているのとちょっとも違わない。貴様が食ったところでおれが減るんじゃなし、貴様が殖えるんじゃない。別に得することじゃない。それを貴様は愚かだから、そんなことを考えているので、貴様がおれを食うからといって、おれは貴様に食われきってしまうような、そんなわけのものではない」。

化物がびっくりしてしまった。「貴様の中におれがある、おれの中に貴様がある……気味の悪いことを言いおる。こんな奴は食わんでおこう」と言った。「いや、かまわん、食え」。とうとう化物から恐れられて、「もう食うのはよしておく」「そんなら武器をみな返せ」と、みな返してもらって大道闊歩《だいどうかつぽ》して行ったという。

この五武器は何を言っているかというと、仏道の体験、悟道の道を説いている。永遠に死なない自己を見出すことである。最上最高の幸福にありつくことである。本当の自分にすっかりなりきったことである。動物の自己を滅亡して最上最高の久遠の自己を見出す、永遠に死なない人間になりきることです。今の「仏々手を牽《ひ》いて眼前に入る、瑞《ずい》を呈《てい》し山を覆《おお》う盈尺《えいせき》の雪」、人を度し自らを度し、一切を悉《ことごと》く永遠の生命に蘇《よみがえ》らせようとするのが、仏道の最もめでたい尊いところである。

天地同根万物一体の我れここに在り、この宇宙いっぱいの自己を持ちきる、永遠に死なない自己があると分かって、そこで初めて「おめでとう」ということになるのである。

文化人の宗教

どちらが偉い

人間は偉いというが、さて大人が偉いのか、子供が偉いのか私達には実際分からない。分からないのだから子供が偉いと決めてしまうわけにもいかないし、大人が偉いと決めるわけにもいかない。あるいは文化生活たら言うて、チョコレートを食うて、鉄筋コンクリートの家に入って、踵《かかと》の高い靴履《は》いて、縮《ちぢ》れてもいない頭の毛を縮らして歩いているのが偉くて、あかぎれ切らして、真っ黒になって働いているのが偉くないのか、これも分からない。

この間、石川県へ行った。停車場に百姓家の女中さんが風呂敷《ふろしき》を被《かぶ》って、その端《はし》を首のところへグルグル巻きつけて頭巾《ずきん》みたいにしていた。実に素朴な、原始人類と百里も二百里も隔《へだた》っておらぬような顔をしていた。その横には、その家の娘さんらしいのがお白粉《しろい》を塗《ぬ》って澄《す》ましていた。これを両方較《くら》べて見て、あまりよい風景であったから、汽車の中でちょっとスケッチをしてきた。これもどっちが偉いのか分からない。

それからまた、都会人が幸福であるのか、田舎人が幸福であるか、これも分からない。この間、福島県へ行ったら宿の女中さんが「東京はようございますな」と言う。

東京は非常によい所だと思っている。都会の人間が田舎に行くと見晴《みは》らしがよくてよいと思う。その宿も非常に見晴らしがよかった。そんな時にひょいと野原住まいをしているのが幸福だとも思える。それなのに田舎の人から見れば都住まいが幸福に見える。どちらが幸福なのかこれも分からない。人間は働かねば食えぬと言う。だが働かないで食える奴が勝っているとも思える。働いても食いかねている奴があるのに、おれは遊んでいて食える、寝ていて食えると、よう言う奴がいる。働いて食うのが上等なのか、働かずに怠けておって食うのが上等なのか、これも分からなくなる。

文化人というものは、考え過ぎて間違っているものだと思う。文化的に引きずり回わされて、考えて考えぬいて、神経衰弱に罹《かか》って夜も寝られず、目がへこんで二重《ふたえ》まぶたになって、いくら滋養分食うても滋養分が肥料にならぬというのは考え過ぎて堕落したのです。

我々は、自分の考えで偉いという概念をこしらえている。金持ちが偉い、貧乏人は偉くないと決めている。親の代から金持ちだと言っても、金持ちから金を取り上げたら蟹《かに》が手足をもぎとられたように哀れなもんです。そこへいくと貧乏人は自分で食えるから大したものです。それなら貧乏人がよいかと言うと、そうもゆかぬ。貧乏人は自動車に乗るのでもなかなか大変です。私みたいに銭《ぜに》なしでタダで自動車に乗るのは大した働きで偉いと言わなければならぬのか、またそうした銭なしは偉くないからタダで自動車に乗せてくれるのか、これも分からない。それなら位が高いから偉いか、低いから偉くないか、これも分からぬ。

芝居にバカ殿さんという言葉がある。大根役者が殿さんになって脇息《きようそく》によりかかって、「身共《みども》は……」なんと言うている。バカ殿さんには忠義な家老がついておらぬと危ない。私共も子供のときから、芝居をしても殿様にだけはなりとうなかった。なぜかと言うと殿さんにバカという字がついている。忠臣蔵《ちゆうしんぐら》をやっても殿さんになりたいかと言うたら、誰もなりとうない。やはり普通の武士か、由良之助、勘平になった方が面白いと言う。将軍になると言えば、芝居でも憧れそうなものであるのに、そうではない。よう分かる道理であるけれども、これがやはり分からない。

何がおいしいか、これもまた分からぬ。うまいと言うて鰻《うなぎ》の蒲焼《かばやき》ばかり毎日食うておったら、これもたまらん。鶏《にわとり》が好きだからと言っても、そう鶏ばかり食うわけにもゆかぬ。時々はお茶漬けのあっさりしたやつがよい。そんならお茶漬けが好きなら、お茶漬けばかり食っていろとなると、それもかなわぬ。

人間は銘々《めいめい》に、自分で持っている概念に何か捉われたものが入っている。この何かに捉われて、ああなったらよかろうと考える。そこへ西洋文明が入って来て、さらにああなったらよかろう、こうなったらよかろうと考える。

ボタン一つ押せば、人間の労力なしに、バラバラと米が出来るとか、そんなふうになったらいいがなあと考える。それからまだまだ考えるんですな。ちゃんと枕時計を仕掛けにしておいて、朝何時に旦那さんが出勤するというならば、その時間になるとちゃんとスイッチが入って電気がついて、飯がクタクタと出来て、ちゃんと出来た時分に、またスイッチが切れて飯が勝手に炊ける。飯の出来た時分に奥さんが起きると、奥さんも主人より先に起きんでもよい。さて本当にそういう便利なことになって、それで人間が偉くなるかというと私はそうは思わぬ。あの人は寝ていて飯炊《ままた》ける機械買ったと言われても、それは不思議ですが、しかし偉いかどうか分からぬ。

人間がいろいろなことをして自動車を発明した。自動車の発明は大したものです。汽車の通らぬ所でもたいがい行くことができる。実際、天草に私の師匠の寺があるのですが、そこでもあっちの端からこっちの端まで、たいがいの所は自動車が通る。

この間も田舎へ行ったら停車場の改札の所へ小型自動車で迎えに来た。道が狭くて通らぬので特に小さいので迎えに来たと言う。こうまでなって、それで人間が偉うなったら、わらじはいて、くわえ煙管《きせる》で歩いたから偉くないかというに、そんなわけでもない。

汽車でもその通りで、三等は偉くない、一等は偉いというわけでもない。私が八つぐらいのときに、陸蒸気《おかじょうき》というものが東京と横浜、大阪と神戸の間に出来た。私の親父がわざわざわらじをはいて大阪まで汽車に乗りに行った。そうして神戸まで乗って行った。陸蒸気に乗ってそれで人間が偉うなって、安心が得られたかというと、安心が得られたんでも何でもない。

真の無念無想

そうすると人間はどうすれば偉くなるか。

現在は文化施設のために本当のところから遠ざかって作り物が増えているのではなかろうか。つまり自然の美というものより、だんだん作り物が多うなった。田舎の人より町の人の方が捉われるものが多くなった。お白粉塗っておらぬ人より塗っている人の方が余計鏡を何遍も見んならん。口紅塗《くちべに》っておらぬ人より塗っている人は、飴玉《あめだま》一つなめるんでも気をつけんならん。唇にさわらぬように、なめんならぬ。つまり口紅つけておらぬ人より骨が折れるわけである。文化というものは、そんなもののような気がする。

こう考えると、いわゆる文化というものが、一種の捉われで引っついているとすれば、何によってそれを引きはがさなければならないかを考えならん。それは化というものが果たして本当の文化であるかどうかを考え直してみなければならぬ。

都会人はどうしても田舎に出て行かなければならぬ。都会人は都会の埃《ほこり》の中に生きているので土から遠ざかっている。アパートの隅《すみ》っこに一室借りて夜店で買うた十銭の盆栽を置いて辛《かろ》うじて自然に親しんでいる。アパート生活者が、のびのびとしたキャンプ生活がしてみたくなるのも無理のない話である。そうすると文化というものは一種の堕落であり迷いである。

明治大帝の御製《ぎょせい》に、

あさみどり澄みわたりたる大空の　広きをおのが心ともがな

とあるが、これは文化人に対しては実に結構なお示しである。原始人ならいつでも、あさみどり澄みわたる大空の心を心としているわけです。おれは偉いと思って己惚《うぬぼ》れることもなし、人をバカにするということもなし、男面《おとこづら》が悪いということもなかろうし、女面《おんなづら》が悪いということもなかろう。好きな人があったら引っついてよろしい、嫌になったら離れてよろしい。便利なもんです。実にのびのびした世界で、善も思わぬ悪をも思わぬ。

葛城の慈雲尊者《じうんそんじゃ》の言葉に、

「業《ごう》は報《ほう》を知らず、報は業を知らず、この知らざる所、道存して滞《とどこお》らず、塞《ふさ》がらず、この中に楽しみあり、間断なく欠失《けっしつ》なし」

というのがある。我々は人に物をやるとまた返ってくると思う。あすこから炭一俵もらった、この炭は幾らぐらいだろう。そんなことまで考える。物をもらうと「また、こんな物くれやがった」と怒る人がある。返すのに心配だというのである。物もらって困るというのは、返さんならぬから困るのである。私はもらい放しです。その代わり、やればやりっ放し、あげるはあげるだけにしておく。これをやっておいたから立派なものが返ってくると海老《えび》で鯛釣《たいつ》るような、そんな欲の皮の突っぱった考えでなしに、なるたけやりっ放しにしたいと思っております。ところが人間というやつは情《なさ》けないやつで、あれだけやったから、これだけ返ってくるだろうと思う。そうでなしに、ただもらう、ただやる、これが私は非常によいと思う。

お経誦《よ》むのでも、お布施《ふせ》をもらわんがためというのは情けない。ただでお経を誦《よ》むから銭はただくれ。私は講演をただするから、銭はただくれ、どうせ元はただなんだから講演賃も五銭でよかろうというのはどうもならぬ。しかし、こういうことも直《じき》には改まらない。我々人間には先祖から受けついだたくさんの文化がある。新しい文化ではない、何年も前からの先祖伝来の文化がある。なんとかして我々はこの根本を取り戻す方法がなければならない。つまり我々は自然に近寄らなければならない。この自然の空気を腹いっぱい吸うというのが仏教でいう非思量《ひしりよう》、無念《むねん》無想《そう》ということです。

それだから無念無想というのは、本当に作り物でないということです。道元禅師は仏法を「眼横鼻直《がんのうびちよく》」と仰せられた。これは眼は横に、鼻は縦についているということです。

これは作り物でない。これが反対に口が臍《へそ》について、臍が口についておったら作り物です。無念無想は当たり前のことです。ちょっとも作り物がない。それが無念無想ということなんです。

あの松吹く風の音は非思量《ひしりよう》です。その松風の音を文化人は真直ぐに聞かずに、うねりうねりして聞くから神経衰弱になって、枯尾花を見ては幽霊と思う。それはただヒラヒラと白い褌《ふんどし》が乾《ほ》してあるのを、白い物と見ていればよいが、おどおど、おどおどして見るから、幽霊々々と思って気絶してしまう。ちょうどそれと同じように、我々は何かに驚かされている。脅《おびや》かされている。この脅かされているのが妄想《もうぞう》、分別です。この脅えた眼《まなこ》で見るから世の中の汚い贋《に》せ物が巾をきかして、本物は巾がきかぬ。贋せ物が巾をきかして、心臓の強い奴がのさばっている。心臓の弱い本物は縮まっている。私の知っている人に、立派な人でありながら鼻水たらして一生貧乏寺に入っておらんならぬという気の毒な人がある。

お経の中に五百匹の一眼の猿の話があります。一眼の猿が五百匹おったら、そこへ二つ眼のある猿が来た。そうしたら変な奴が来たと言うて虐《いじ》めたという。これは非常に面白い譬《たと》えです。文化人というものは、みなそういうところがあるんです。文化人といえば妄想だらけの人間ということです。妄想でつき固めた人間です。だから、作った物をほんま物と思う、それで心臓の弱い奴は二つ眼があるのは恥だと思って潰《つぶ》してしまう。そうではない、二つ眼のあるままで眼横鼻直です。

文化人の正体

よう禅寺では教外別伝《きょうげべつでん》、不立文字《ふりゅうもんじ》と言うて尽天地《じんてんち》宇宙いっぱいがお経だと言うている。宇宙をいっぱいにした、常に十字街頭に百万遍誦《よ》むお経が本当のお経である。これが生きたお経である。飯を食うことがお経、雪隠《せっちん》へ行くことがお経、米搗《つ》きは米搗くのがお経、日傭《ひようと》取りがお経、銭勘定がお経、なんでもお経です。しかしそこに微塵でも作り物があるならば、それはお経にならんのです。

昔ある禅師が町へ行って肉屋の前を通ったら、一人の町人がおって「精底《せいてい》一片《ぺん》」――よい肉を一切れくれと言うた。ところが肉屋の親父、禅機があったのか、切っていた肉を投げ出して「那箇《なこ》か是《こ》れ不《ふ》精底《せいてい》」――どこに悪い肉がありますかと言うた。これはなかなか味《あじ》をやったですな。ただ肉の売り買いですが、日本の言葉でいえば「べらぼうめ、おれの店はな、腐った肉は売らねえんだ」と言うのと同じことです。これを聞いてその禅僧が悟ったという話がある。

文化人というものは、すぐ目の前にあるお経を誦《よ》むのに、向こうの方へ持って行って誦んでいるようなものです。私は乱視に近眼に老眼で五目飯みたいな眼で、眼鏡を外すとギラギラとして何も彼も一緒になってしまう。こんな眼では泣き泣き誦まねばならん。私はこの宇宙いっぱいの自然のお経を自由に誦み得る人が一ばん幸福な人ではないかと思う。このお経はどこでもある。人間がこのお経の上に覆《かぶ》せ物をして、作り物の文化を固執している。あれは金持ちだ、あれは器量がよい、位が高いから偉いというように覆せ物をしている。この宇宙いっぱいの自然のお経は絵にも字にも書けない。このお経、この大境涯から遠ざかっているのが文化人である。この遠ざかるものを分別といい、妄想という。分別も妄想も人間の作り物です。

だから人が金を持って威張って見せると金があったらよいなと思う、金があったら、ああいう女を妾《めかけ》に持てる、あるいはウンとうまい物が食えると思う。それだから、ちょっと無理をして今晩覆面頭巾《ふくめんずきん》で出掛けようかということになる。金さえあれば幸福だと思っている。しかしそううまくは問屋が卸《おろ》してくれぬ。とうとう手錠をはめられて箱の中に入れられる。身から出た錆《さび》である。あるいは着物にあこがれるとか、指輪にあこがれるとか、いろいろな誤りというものは、みなこの自然からちょっと無理をするからです。

生存競争が煩雑になって、女子《おなご》には好かれんならぬ、金は儲けんならぬ、なかなかえらいです。この煩雑というものから人間の文化に作り物ができる。そしてどこまでが作り物で、どこまでが正味か分からなくなる。

南洋の人は、何にも働かないで、月夜の晩に腹でも叩いて、腰に何やら腰巻きでもないベラベラと草みたいなもの下げて踊っておったらよかった。食うことには骨を折らぬ。バナナの大きいやつを一つ食っておればよかった。生活難、経済難というものがない、何でもそこらにある物を取って来て食っておればよかった。それが南洋などに砂糖会社みたいなものを建てて、そうして御馳走見せたり、チョコレート食わしたり、他の果物を食わしたりした。もっと食いたいと言うと、どっこいそうはいかぬ、金が要る。そうすると荷物持て、機械動かせで、とうとう彼らは日傭賃《ひやとぃちん》で働かされるようになってしまった。

すなわち、外国から輸入したお菓子が食べたい、着物が着たい、こういう理屈になってくるのと同じように、文化人はだんだん箱詰めになってきて、のびのびしたものが無くなって、作り物ばっかりで神経衰弱になる。作り物だから神経衰弱になるのは当たり前です。ちょっとも頭使わんでも放《ほ》ったらかして自然のままでよい物と作り物と勝負している。これはつまらんです。この作り物と勝負しているのが凡夫という一つの組み合せですな。この生存競争というものはどの方面にでもある。まごまごしたらこっちが負ける。兄弟でも、夫婦でも生存競争があるんですな。まごまごしていると湯巻《ゆまき》かぶせる。たまらぬ。それを押さえるようになんとか方法を考えて押さえると、逆に言うことときかぬ。子供でもその通りで、まごまごしてると親をなめようとする。学校でもその通りで、生徒は教師をなめようとする、教師はなめられまいとする、生徒の方はまた無暗に押さえられまいとする、非常に生存競争というものが烈しい。

創造の生活

都会人がそういう社会からボソッと離れて、まったく一人ぼっちになって、リュックサックの中に飯盒《はんごう》と米を入れて、人間と関係のない野原へ持って行って一人で飯炊《ままた》いてそれを食って、担《かつ》いで行った天幕の中でグッと寝る。こうなってきたのは、私は切羽《せっぱ》つまった文化人のあがきだと思う。

ここに必要なものは私達の仏道の修行とか、あるいは宗教的情操というもので、この切羽つまった人間同士の作り物の競争から出家することではなかろうか。ところが、この頃は、お寺詣りするにもなかなか頭を使う。あすこは千円あげておる、負けるものかというので二千円あげる。なかなか骨が折れる。
ところが私の所に来る人は金を持って来る人はない。実際に澤木さんの所だけは金のことで頭使わんでもよいと言うて喜んでいる。あんたの話を聞いていると、あるいはボーッとして宙に浮いたような、桜の花が開いたような、心臓がいかにも強うなって、天人にでもなったような気がすると言う。私の話を聞いて神経衰弱が治ったと言う。私の話を聞いて坐禅すると、ただ坐禅した功徳の倍くらいあると言う。人間界を見下ろしているようなよい気持ちになると言う。
それからもう一歩進んで坐禅するならば、キャンプ生活どころではない。それこそ作り物の世界から出家して本当の自分になりきれる。
道元禅師が法華経という題で詠まれた歌に、
此の経の心《こころ》を得れば世の中の　うりかふ声も法《のり》をとくかは
というのがあります。世の中の一切の物柄事柄がことごとく、お経だというのです。もともと宇宙いっぱいが自分のものであるのに、文化人は小さい眼の間口に入るだけが自分のものであると区別しているようです。自分のものはこれだけしかないと思っている、そして根性がひがんでいる。そうして大地から離れて、ずんずん作り物の移り変わるのに押し流されて行く。これがすなわち流転輪廻《るてんりんね》です。真実を離れて虚偽に馴《な》れる。そこで私共はどうしても元に還《かえ》る必要がある。本当のものに還る。つまり土に親しむ。天地の気を呑む。これを「本家郷《ほんかきょう》に還《かえ》る」と言うのです。

本当の所に還る人達なら毎朝お経誦まぬわけにゆかぬ。禅宗坊主は毎朝、大乗妙《だいじょうみょう》典《てん》観音普門品《かんのんふもんぼん》……大悲心陀羅尼《だいひしんだらに》……と大きな声でやる。そうして集むる所の功徳は誰に回向《えこう》するかと言うと、「真如実際《しんにょじっさい》に回向す」と言うのです。ずいぶん徹底して回向したもんですな。お布施に回向するとは書いてない。これはピンとくるですな。私達の生活の全分を真如実際に回向する。つまり本家郷に還るということです。

仏遺教経《ぶつゆいきょうぎょう》の第八の究竟功徳《くきょうくどく》という所を読んで見ると、「汝等比丘《なんじらびく》若《も》し種々の戯論《けろん》は其心則《そのしんすなわ》ち乱る」とある。戯論の戯はたわむれということですが、戯論という場合には作り物です。現代の言葉で言うたら私はこれを既成概念と言うている。作り物の概念です。戯論というのは一切の作り物の概念です。この作り物の概念に押し移されているならば、「其心則《そのしんすなわ》ち乱《みだ》る」と言うのです。

そうすると散乱とか、分別、妄想とかいうことは作り物の概念です。ところが、文化人というものは作り物の概念をこね回わしているんです。真実に関係のない字の数を数える。正味に入らず、その外側をグルグル回わりしているのが戯論です。それだから自分の実生活と関係のない所をグルグルしているんです。

明治時代にアメリカを米の国と読んで、「西洋にも米を食う国があると見えて米の国と書いてある」と言った人がある。また「西洋にも仏法の盛んな国があると見えて仏《ほとけ》の国という国がある」とフランスを仏の国と読んだ。これは字だけ読んだので事実に適中せぬ。この事実に適中せぬ概念があるならば、「其心則ち乱る」です。散乱、分別、妄想ということは事実に適中しない概念です。だから「是《こ》の故に比丘《びく》当《まさ》に急《すみやか》に乱心戯論《らんしんけろん》を捨離《しゃり》すべし」と言われている。

そうすると、以上話をしたいろいろな作り物は、乱心戯論ですな。概念々々でこね回わして、作り物、作り物でこね回わしているんです。だから、私達の宗教的生活というものは宇宙いっぱいの道、それを我々の生活のうえに同時に創造して行く、真剣に工夫して行く。これが我々の修行であらねばならない。

しかるに、人間はよく作り物に捉われる。「真宗では鰯《いわし》を食べてもよろしいが、禅宗ではどうですか」と言う。そんな形式のものではなく、国家人として本当のところを行くのが仏様の本当の思召《おぼしめ》しではなかろうか。何故《なにゆえ》に祖師が標準を示されたか、この祖師の手本、標準によって我々が本当にこれよりしようがないというところを発明して行かねばならん。宇宙いっぱいのお経を、自由に誦んでそれを自分の生活にして行く。これが乱心戯論を捨離することである。乱心戯論を捨離して、ここに自由に我々は自分の生活を創造して行く。これこそ私達が本当に望む文化人の宗教ではあるまいか。

文化人は既成概念に疲れている。作り物のためにヒョロヒョロになっている。そうしていろいろな名前をつけている。金足《た》らぬ、餌《えさ》足らぬというのでヒョロヒョロになっている。就職したい、雇《やと》い手《て》がない。学生のときから可哀想に試験ばっかり受けてヒョロヒョロになっている。こんなことでは人間はいつまで経っても発明を知らぬ。始終脅《おび》えてパスするとかせんとか、いや落伍《らくご》だとか、可哀想にちょっとしたものにでも脅える。もうちょっとしっかり自然の空気を吸うて新しい世界を創る。私はこれを新発明と言うが、新発明をしてそこにしっかり大地を踏んで、天地いっぱいに宇宙をかぶって、そこにどっしり生きたいと思う。坐禅の非思量・無念無想ということは正にそういうことで、本家郷《ほんかきよう》に還《かえ》る、すなわち作り物でなしに元に還ることである。

「若《も》し汝寂滅《じやくめつ》の楽を得んと欲せば唯当《ただまさ》に善《よ》く戯論《けろん》の患《とが》を滅すべし」――寂滅の楽とい

うことは幸福も不幸も一切を抜けて、総て好き嫌い、生と滅を抜けたもの、それが寂滅の楽です。それが最後の幸福、最終最高の行き着く所です。その行き着く所に行くには、ただ当《まさ》によく戯論の患を滅すべし。この作り物の穢れを滅するには坐禅です。坐禅は作り物でない。背骨を真直ぐにしてウンと坐るのです。そうして試みに一週間缶詰《かんづめ》のようにウンと坐っていると、実に作り物でない本当の境涯が現われてくるのです。作り物のある世界からヒョッと入ってくる。足の痛い人もあろうし、睡《ね》むたい人もあろう、パチンとやられる人もいろいろあろうが、とにかく、本当に背骨を真直ぐ伸ばして坐った境涯が、すなわち経文にある天地宇宙いっぱいのお経を誦んだ気持ちなんです。これこそ私達が本当に望むべき宗教、すなわち行《ぎょう》であります。

願の話

行を運ぶ願

仏教には、「願《がん》」というものが、どうしてもなければならぬ。大般若経《だいはんにゃきょう》の魔事品《まじぼん》の中に「行《ぎょう》あって願《がん》なきものは菩薩の魔事《まじ》なり」ということがある。修行をしても、「願」がなかったならば、ハンドルのないオートバイみたいなものでフニャフニャである。行、行と言ってもヒョロヒョロの行では、あっちへ行ってはぶつかり、こっちへ来てはぶつかり、ついにはコロコロと崖へ転げ込んでしまう。そのときに、この「願」というものがあって我々の「行」をまとめるのです。左に行けば右にハンドルを回わす、右へ行けば左にハンドルを回わす、そうしてちょっとも狂いのないところへ我々の「行」を運ぶことができる。ここが「願」の有難いところです。道元禅師の御歌に、

おろかなる心ひとつの行《ゆく》すえを　六の道とや人のふむらん

とありますが、我々の心というものには、しっかりした目標がなければいかん。最も正確に目標をつけて、こうした時にはこう、ああした時にはああと、目標に向かって時々刻々巧《うま》くハンドルを回わしてゆかなければならぬ。それには「願」がなければな

らぬ。
「願」には総願《そうがん》と別願《べつがん》がある。仏教者たる以上誰でも必ず持っていなければならぬ願が総願で、四弘誓願《しぐせいがん》がそれである。四弘誓願の第一は「衆生無辺誓願度《しゆじようむへんせいがんど》」（衆生は無辺なれども誓願して度せん）……これは利他《りた》です。第二は「煩悩無尽誓願断《ぼんのうむじんせいがんだん》」（煩悩は無尽なれども誓願して断ぜん）……これは自利《じり》です。道元禅師には、
草の庵《いお》に寝てもさめても祈ること　我より先きに人を度《わた》さん
という「願」がありますが、これは第一の「衆生無辺誓願度」であります。
自分の煩悩は、誰でもよく知っていなければならんはずだが、実は持ちかねて、持ちあぐんでいるものが自分というものです。たばこをやめようと思ってもやまらん、酒をやめようと思ってもやまらん、あんな女に好かれたらどうもならんと思っても、いつまでも食いついておって、ネチネチしてどうしても離れられん。
私もたばこ好きであったんですが、坊主になってから、不便だからやめたんです。酒も五升ぐらいは飲んだんだけれども、坊主はどうでも酒を飲まんならんというわけはない、忙しくて、忙しくて、酒を飲んで酔っ払ってる暇がない。誰でもやめればやめられるものであるけれども、たばこぐらい、酒ぐらい、という調子でたくさんの煩

悩を持ち込んでしまう。「煩悩無尽誓願断《ぼんのうむじんせいがんだん》」も、やろうと思えばやれるんです。刑務所に放り込まれたら、いかなたばこ吸いでも一服も吸わんで入っている。どんな酒飲みでも刑務所に入ったら酒は飲めぬ。

第三は「法門無量誓願学《ほうもんむりようせいがんがく》」（法門は無量なれども誓願して学せん）である。煩悩が無尽であるから、したがって法門も無量である。この無量の法門を次から次へ求めて行くものは一生青年である。常に新しく生きることが肝要だ。どの瞬間も完全に生きる。この意味において仏教では絶えず旺盛に生きて行くのである。

第四は「仏道無上誓願成《ぶつどうむじようせいがんじよう》」（仏道は無上なれども誓願して成ぜん）である。我々人間は生涯限りない衆生を度し、限りない煩悩を断ち、限りない法門の上において、仏道を完成して行こうという誓願です。我々はこの誓願のために飯を食うのです。この誓願を成就するために薬を飲んで養生するのです。この道を成就するために着物を着て風邪を引かぬようにするのです。この誓願に役立たぬものはやめたらよい。

この四つの願は善であるが、時々悪の願もあって成就することがある。「魂魄《こんぱく》この土《ど》に留《とど》まりて、恨《うら》み晴らさでおくべきか……」というわけでドロンドロンと化けて出るなどは悪願の方です。

成就した悪願

ある羅漢果《らかんか》を得た和尚が、あるとき龍宮から招待を受けた。椅子にかけたままでドロンドロンと龍宮へ行くのであるが、これを聞いた小僧が、コッソリ椅子の下に噛《かじ》りついて和尚のあとについて行った。いよいよ龍宮に着いてから、小僧は椅子の下からヌーと出た。和尚は不意打ちを食ってビックリしたが、「貴様、何しにここへ来た」と叱れば、「和尚さんばっかり、いつも御馳走よばれんと、おれにもたまには御馳走よばれさしてくれ」とのことであった。

いよいよ御馳走が出た。ところが、和尚には素晴らしく美味しい御馳走が出たが、小僧には二、三段下のお振る舞いだ。これを見た小僧は非常に怒った。「よし、憶えていろ、おれの家は僧侶だぞ、これから仏道修行をして、悟りを開いて龍宮の大将になってやる、龍宮のバカども、仇《かたき》はきっと打ってやるぞ」ということになった。

この小僧、あるとき経行《きんひん》（坐禅をしていて疲れを休めるために歩く運動）していると、願が成就して足の先から水が出るようになった。そこでお袈裟をパッとかぶって池の中へ飛び込んで龍になったという話がある。これは悪願が成就した話です。

時々男に欺《だま》された女が、男というものは不届《ふとど》きなやつだ、私も男を手玉にとって、弄《なぶ》り物にしてやろうというので女郎《じょろう》になった。そうして男を手玉にとって、悪辣《あくらつ》に男を欺《だま》した。こうして己れの無念晴らしはしたものの、その挙句《あげく》には、からだ中にボツボツができて、終いにはボソッと鼻が落ちてしまった。これも悪願の成就である。

善願にもいろいろあって、無漏《むろ》の願もあれば有漏《うろ》の願もある。社会事業だ保育事業だ、あれをやろうの、これをやろうのと、願はさまざまである。無漏の願とは、漏は煩悩のことであるから、つまり「煩悩の漏《も》れない願」である。我々は放っておけば朝から晩まで六道輪廻である。戸棚へ行ってちょっとつまみ食いすると餓鬼道に堕ちる。ガンガン腹が立ってくると修羅道に堕ちる。あるいは畜生道に堕ち、地獄道に堕ちる。その六道に輪廻する自分を、六道輪廻させまいとするのも願である。また一切衆生が六道輪廻するのを救おうとするのも願である。私が坐禅を勧《すす》めるのも願である。人がやろうがやめようが、私は生涯坐禅をやめぬ。誰でもよく言う、「澤木のように、坐禅をやれやれと言うても誰がそんなことをするものか」と。しかし、やるぞと言うたら誰がせんでも、おれがやったらよい。人に勧めて人がやらなんでも自分だけで坐禅する。

空き寺にでも入って一人で坐禅をする。賽銭は一文《もん》もあがらん、和尚も入ったなり出てこない、何の音もせぬ。人々は初めは、和尚は毎日寝ているんじゃないかなーと思っていたが、そのうちに、ソーッと隙《すき》見に来る者もできるだろう。三年経ち、五年経ち、十年、二十年と勤めていれば、みな人は動かされてしまう。すなわち「願」が成就するのである。

私なども、坐禅をして二十余年、今では自分一人では回わりきれんほどあちらこちらで坐禅をやっている。広告でも同じことである。広告を一年間したが、どうも効《き》目がないと言ってやめるとダメになるそうだ。一年やって効かなんだら二年やる、それでも効かなんだら五年やる、十年やる、そのうちにその広告が人間の頭に慢性になってしまって、それからボツボツ年数の経つにしたがって買いに来るのだそうです。それと同じで、我々の願でも、そんなにいきなりは成就せぬ。

修行も計画的に

どの仏でも、どの菩薩でも「願」のない方はない。必ず願がある。阿弥陀如来には四十八願があり、薬師如来にも十二願があり、釈迦如来には五百の大願がある。しかしこれは別願です。別願とは四弘誓願以外のこうした菩薩や如来の誓願をいうのです。もし願がなかったらどうなるかと言うと、それは善でも悪でも気まぐれです。つまり計画的にやらなければ善でも功徳が薄いわけです。まぐれ当たりにちょっと出来心で善いことをした、気まぐれにちょっとしたというのは功徳もあまりないわけです。悪いことでも、出来心でちょっと悪いことをした奴なら、裁判に出されても罪が軽いわけです。出来心でやったのと計画的にやったのとでは同じ殺したにしても罪が違うわけです。

これは鹿児島の判事から聞いた話ですが、薩摩《さつま》の人間が二人で焼酎《しょうちゅう》を飲んでいた。なにかの拍子に、一人の奴が急に腹を立てて刀を抜いて斬りつけた。人を斬ったというので裁判所に引っぱられた。だが、出来心で腹が立ってやりましたと言ってワイワイ泣いて後悔した。そこで、これは計画的にやったのではないからというので、罪も軽かったそうです。ところが、計画的にピストルを持って行ったり、毒薬を用意したりしてやったのは非常に罪が重いそうです。

「願」もその通りで、計画的にやるのでなければならぬ。仏道修行も計画的にやるのでなければ、気まぐれになってしまう。よくあることですが、ちょっと坐禅してみようか、別に銭が要るわけでなし、澤木さんが坐禅せいと言いよるから、ちょっと行って坐ってみようか、窮屈でなければ、ちょっとやってみよう、資本《もとで》は要らん、食費も要らんというので、ちょっとやってみる人がある。それでは気まぐれです。嫌になるとこういうのは、いつでもやめてしまいます。

ところが我々は、一生涯坐禅で身を立てなければならんのである。それだから、他人様《ひとさま》が坐禅するよりも一生懸命であり、それだけ人より功徳が多いような気がする。

仏教の行の中に願がなかったら、どこに行くという方針が定まらんわけです。ただ修行さえすればよいという、それに違いないけれども、その修行をどっち向いてするか、これがなければ「行」がはっきりしないのである。

仏道に「願」が大切だということを、昔の人が「遠近《おちこち》に走り追うて、落ち着かむ行末は思い設《もう》けられたり」と言うている。願がなければどこに落ち着くのやら取りつくしまがないわけである。ちょっと好きになって、ちょっと嫌になる。足が宙に浮いている。そんなことではつまらぬ。それこそ命がけでせんならんという一つのものがなければならぬ。

願というものが、本当に決まっていなければ、どんなに骨を折っても訳が分からぬ。

もしそんな人間なら、せっかく坊主になっても、やっぱり金糞《かねくそ》坊主だけが偉いように見えて、清貧に安《やす》んずる坊主がどんなによいのか訳が分からずに終わってしまう。どっちも願のない者同士なら、金を持って貸している方が偉いように見える。願のない者同士なら博士号でも持っているとその方が偉そうに見える。願のない者同士なら、従二位《じゆにい》と正八位《しょう》では正八位の方が偉くないに決まっている。金でいえば金の多い少ない、位でいえば地位の高い低い、また腕力でいうなら、柔道五段と段に入っていない奴と比べたら五段の方が断然強いに決まっている。しかし力の強い弱いで決まるなら獣《けもの》と同じことである。

願のための職

一体我々は、食うために職を求めるような甲斐性なしでは困る。願がないから、なんぞ楽で結構な職はないかなあと探し回わる。そんな虫のよい職があるはずはないから、そんな人は死ぬまで食うことができまい。願が職を求めるのでなければいかん。食うために職を選ばんならんという奴なら、食うためには何を仕出かすか分からん。盗人もやりかねまい。しかし願のある者は食わんでも人の物は盗らぬ。ところが世の中の多くの人間が、ことごとく願なしで生きているから、気まぐれになってしまう。私はいま駒沢大学に行っている。しかし今までも別に食うのに不自由したのでもない。独り身で、恩給はもらえるし、なにも窮屈な月給取りにならねばならん必要はないのです。しかし世の中には、澤木は月給取るために働くのだと思っている者もある。私を世の中の月給取りの仲間に組み込んで考えている。可笑《おか》しなもんだ。ところが私のやっていることは坐禅を広めさえすればよいのである。ただそれだけなのである。

私は坊主のことより他にはあまり知らぬ。極端な坊主気質《かたぎ》である。徴兵検査のときでも、兵隊に入ってからでも、頭はいつでもテカテカに剃っておった。戦《いく》さに行っても袈裟袋かけて行って、凱旋《がいせん》するときでも袈裟袋をかけて凱旋した。営門《えいもん》から出て来ても袈裟袋をかけて頭はテカテカに剃っていた。いま私が駒沢大学へ行くのも、坊主になる者に坊主の道を教えに行くので当たり前の話なのである。それが私の願を成就させてくれることなのです。食うために職に就くのでなくて、願のために職に就くのである。願を成就させるために職を用いるのである。

私はもらった金で印刷物を作っては機会ある毎に、縁《えん》ある毎に人に配っている。世の中の人が妻子を養う代わりに私は印刷物をこしらえる。これも願のためである。願のために飯を食う、願のために着物を着る、願のために養生する。一切の私の生活は、この一つの「願」のためにふり向けられて行くのです。

が我々には、この生活をふり向けて行くところがないと、まるで夢遊病者です。願なければ幽霊です。ブラ提灯のようなものです。「男子 志《こころざし》を立てて郷関《きょうかん》を出ず」などと、酒に酔払ってどなる奴があるが、どんな志を立てているのか分かったもんでない。だから、人生を意義あらしめるためには、ぜひとも願がなければならんのです。願のない人生は無意義です。夢遊病者の旅です。ヒュードロ、ヒュードロと出てくる幽霊です。その幽霊に足を生《は》やすのが願です。人生において我々をして、本当にはっきり生きさせるのが願であります。

だから願を起こす前に我々は自分を省《かえり》みなければいかん。「お前さんは、何のために人間界に生まれてきたか」と自分によく問うてみるがよい。願のない者は「はい、糞を製造いたします」ということになる。「口から餌《えさ》を通します。食道から胃袋、腸を通って便所まで運搬いたします。ただいままで大分運搬いたしました」。その他には何にも勤めておらんのです。もし願がなければ、金さえもらえればどんなことでもするのです。

海岸などの砂場を走る場合、ただ無茶苦茶に走ったのでは、あとでその足跡を眺めたとき、いろいろと曲がりくねったものになっている。しかし前方に目標を立てて、それに向かって走れば、その足跡は一直線になっている。人生の行路もその通りで、一つの願を立て、その願成就のために一生を過ごすというのであれば、そこにその人の生活方針というものは立派に立って、首尾一貫する。人間の一生はこれでなければならないのです。

人間は何度も何度もこの世の中に生まれてくることはできない。人間がこの世の中に生まれてくるのはただ一度です。たまたま人間として生まれてきた、この大切な一生を、何の願も立てずに空しく過ごしてしまうということは、まことに勿体《もったい》ないことである。高い願を立て、その願を成就しようと努力してゆく、そこにこの世に生きて行くはげみがあるのです。またその人の願の高い低いによって、その人の値打ちも自然に決まるわけであります。

願に生きる。そこに生き甲斐があるのです。願成就ということのために、自分の身心を投げ入れる。この場合、その願が人類永遠の福祉のためのものであれば、願が成就する、せぬはすでに問題でなく、その願に生きて行くところに、永遠の生命を感得することができるのです。

願のない人のすることは、人生に何の方針もなければ、家庭にもまったく方針がない。国にしても国策なしに、やたらに税金を取られたら人民はたまったものではない。国家も国家の願がなければならないし、家庭には家庭の願がなければならぬ。願を持たない家庭というものは色気と食気とよりない。これでは動物とあまり相違もない。行きあたりばったりの無意味な、無内容な生活である。このような家庭策のない家で夫婦喧嘩でもしようものなら、まことにみじめなものである。主人は腹立ちまぎれに財布を握ってプーンと飛び出す。そのとき上り列車が来れば上りに乗る、下り列車が来れば下りに乗る。そうしてどこでも思いついた所へ降りて、金のあるうちだけうさばらしに遊んでいるが、なくなればもうあとが続かぬ。しようがない、やむなくぼんやり戻って来てフクレ面で不承不承《ふしようぶしよう》仕事を始める。これを見ていて妻君もどうも面白くないから、フクレている。二人の間に無言《むごん》の行《ぎよう》が続く。それでまた、親爺《おやじ》がジリジリしてきて、やがてそれが爆発してヤケを起こす。こんなことではとても家は立ちゆかぬ。

願のないということは実に淋しいことです。本当に殺風景なものであります。そこに何の潤いもない。清らかな楽しみというものはない。内から込みあげてくる力というものはない。これでは一貫した方針というものの立ちよう道理はない。こんな淋しい、潤いのない、充実した力のない家庭に子供でもあると、そういう環境に刺激されて、つい身持ちの悪い道楽息子ができてしまう。

国に国策があるように、家庭には家庭策が必要である。つまり、願を持たない家庭は何するための家庭か分からない。一体我々は何の願があって飯を食うてこうしているのか、もう一つ根本にゆけば、何のために生まれたかという人間最終の使命を見出さなければならぬ。

我見《がけん》の失策

私は坐禅をしに生まれてきたんです。金も要らん、ドイツ語も要らん、英語も要らん、嬶《かかあ》も要らん、酒も要らん、たばこも要らん、坐禅一つだけより、さばけ口はないのです。幾《いく》つもさばけ口があったら途中で傍《わき》へそれてしまう。

かつて私に嬶をもらわんかと奨《すす》めた人があった。「それなら嬶は飯米《はんまい》を持って来るか。私は嬶に食わすのは惜しいのだ。それから嬶や子供でも都合が悪くなったら別れるが、そんなときに素直にハイと別れるよい婿はないか。それでおれの好きな者でなければもらわん」と言うと、「そんな贅沢《ぜいたく》を言うたら誰も来る者はない」と言う。「そんならもらわんでおこうか」と言った。私には私の願がある。願の妨げするものは一切お払い箱だ。つまり願を立てるために用のないものはそっくり払ってしまう。そうしなければ安心というものがない。安心ということは「願」がはっきりすることである。

願のない者は危険千万な奴です。危険思想は願のない奴です。願なしで、むやみに飯を食うているのは食《く》い潰《つぶ》しです。願なしで子供ばかり製造しているのも食い潰しをこしらえるようなものです。願のない者は人の口車《くちぐるま》に乗って、どっちへ転がるか分からん。自分の方針のない奴は困ったものです。

向こうから一頭の驢馬《ろば》を引っぱった親子が来た。すると通りすがった人が「なんと感の悪いバカだろう、動物を利用することも知らんで、親子で歩いている」と言った。そこで親爺《おやじ》が「オイあんなことを言うている、お前乗れ」と子供を乗せた。すると、また向こうからやって来た男が「子供よりも親が乗るのが当たり前じゃないか」とつぶやいた。「よしきた、おれが乗る、われ歩け」と言って今度は親爺が乗った。するとまた「なんという親爺だろう、子供を歩かせて可哀相なことだ」と言って通り過ぎた者がある。それならばというので今度は二人で乗った。そうすると今度会った人の言うには「なんと愚かな親子だろう、あんなに動物を虐待している」。これを聞いて二人は驢馬から下りて、四本の足をくくって棒を差し込んで担《かつ》いで戻ったという話がある。

これは願のない、方針のない、自分の生活が目標に向かっていない人間で、これを軽毛《けいもう》の凡夫《ぼんぷ》と言う。軽い鳥の毛がフワフワしていて、風の動く通りに動き、人の噂《うわさ》通りに動くのである。だから人の煽《おだ》てにも乗る。どっちを向いて行くか訳が分からん。だから願のない者は危険だと言うのである。

我々にはまた生々世々《しょうじょうせせ》の願、永遠の願というものがなければならん。生まれ変わり死に変わり、七度生まれ変わって朝敵を滅ぼさんと言うた楠木正成《くすのきまさしげ》の願がそれである。中学校を出ても文科へ行くのか理科へ行くのか分からんでいる者がある。高等学校を出てからでもブラブラしている。まぐれ当たりにぶつかろうというのであるが、たとえば朝起きても、今日の願がなければ、どっちへ向いて行くのか訳が分からん。今月には今月の願があり、今年は今年の願がなければならない。

人類には人類としての願があり、日本人には日本人としての願がある。また僧侶は僧侶としての本来の願がある。農民は農民、商人は商人それぞれの願がなければならぬ。願があれば必ず成就するわけである。

坊主を志願する奴がいよいよ頭を剃って仏の弟子入りをするとき得度の式をやる。その時いつでも私は大きな声で、「汝今身《なんじこんじん》より仏身《ぶっしん》に至るまで、よく持《たも》つや否《いな》や」と、どやしつけるように言ってやる。「よく持《たも》つ」というのも一つの願です。私の弟子になった者は、あの時は、まるで棒で押さえられたような気持ちがすると言っているが、それで願がはっきりするのです。

願がないと我見《がけん》ばかりになる。我見というのは個人々々勝手な考えを持っている奴です。我見は業《ごう》に押し流されてきた現在の考え方です。現在だけの考えというものは、みな銘々《めいめい》違った色眼鏡をかけているものです。

これは鳩翁道話《きゅうおうどうわ》にある話だが、ある山家《やまが》から京都の町へ談義僧《だんぎそう》を招待に来た。その日は雨が降っていたし、路も悪いので駕籠《かご》で迎えに来た。京を離れて三四里行ったところで、駕籠の底が抜けてしまった。和尚は袈裟も衣も泥まみれになった。迎えの人足も気の毒がって、縄をたくさん拾ってきて駕籠をからげ、和尚を再び乗せてかつぎ上げると、まだ底の方がメリメリいうので、今度は合羽《かっぱ》を上から縦横十文字にかけて、それから縄をかけ、道を急いで行った。ある村を通りかかると、向こうからお寺詣りの戻りでもあろう大勢の人がやって来て、このくった駕籠を見ると、その中の一人の親爺《おやじ》が申すには「なんとお説教で聞いて来たばかりじゃに、真《ほん》に無常迅速の世の中だ。京の奉行《ぶぎょう》に往った人が死んだと見えて、死骸を在所へ送るのであろう、はかないものじゃござらぬか」と説明するを、中で聞いていた和尚は、縁起でもない、さては我れを死人と間違うている。いまいましい奴じゃ。生きているぞと言わんばかりに、大きな咳払いをした。これを聞いた親爺はビックリして、小声になり、「死人じゃと思ったらこれは科人《とがにん》じゃそうな、そばへ寄ってはいけないぞ」と言う。和尚はこれを聞いて、いよいよ腹を立て、駕籠の中から大声あげて、「科人ではないぞ」とやった。すると一同びっくりして、「おや科人じゃと思うたに、可哀相にこれは頭がおかしいんじゃ」と言った話がある。

我見のために、せっかくの宗教的落ち着きが、人の口の端に乗ってグングン変わってゆく有様をよく示している。願がないから煽《おだ》てに乗るのである。

願に生きる

黒い衣に頭陀袋《ずだぶくろ》を首にかけた私の姿は乞食みたいです。鶴見から来て品川で乗り換えて駒沢大学に行くのですが、傍《はた》からいろいろのことを言うて私に話をする人がある。組みしやすいと思うのか、どこかの貧乏寺の和尚とでも思うのでしょう。これだから無銭旅行もできるのです。巡礼と思われて「お気楽ですな」と言われたこともある。時々ルンペンにも見られる。

これは九州の鳥栖《とす》の駅で、乗り換えの汽車を待ってベンチに腰を下ろしていた時のことであるが、前の方に五銭の白銅が落ちていたので、駅員に注意すると、その駅員が、「お前さん、それをとっておいたらよかろう」と言ってくれた。何と見られても、こっちは何ともない。こっちはこっちで、ちゃんと一生の方針が立っているのである。外出するときだけ立派な着物を着て紳士のように見てもらわんでもよいのである。

鉄眼《てつげん》和尚は蔵経復刻《ぞうきょうふっこく》の願を起こした。日本に蔵経のないのを遺憾として、明《みん》の蔵経を模刻したのである。普通なら寄付勧化《かんげ》の一番帳には一万円とつけたいところであり、何十万円とつけたいところである。しかるに鉄眼和尚の一番帳は一厘《りん》であった。鉄眼は「願」に生きた人であった。いよいよ仕事にかかれば蔵経そのものさえも忘れて願に邁進した。

当時、鉄眼の大願と並んで、卍山《まんざん》和尚の宗統復古《しゅうとうふっこ》の願と言って、乱脈になった法統を正しく引き戻そうとする運動と、公慶《こうけい》の大仏殿再建の願とを三大願と言っています。

奈良の大仏殿が焼けて野原になってしまった。公慶はこれを再建せんとの願を起した。これは明治時代のことだが、大仏殿の仮小屋にトタン屋根をこしらえる足場の入札が、八万円と二十万円とであった。もちろん八万円に落ちたのであるが、いよいよやり出してみると、材料だけで八万円かかって、どうしても出来ないと言って手を引いた。そこで二十万円の方があとを引き受けた。ところが、こいつもどれだけかかるのか分からんで困ったそうです。何しろあんな大きなものは、請負師《うけおいし》も経験がなかったのです。

さて公慶はいよいよ着手したが、さすがに願のある者は肝《きも》っ玉《たま》が太い。先ず一番帳を乞食からやり始めた。乞食が、道行く人の袖《そで》に縋《すが》って、右や左の旦那様とやってる所へ行って、「仏殿を再建するためだ、決して気まぐれではない、どうぞ一文寄付してくれ」と言うと、乞食は驚いた。「冗談じゃない、わしの方で一文もらいたいところです」。すると公慶は「嘘ではない、お前が一文くれたなら大仏殿が出来るのだ」と説得する。こうするうちにもお客はたくさん通っている。とうとう乞食も「うるさい和尚さんやな、そんなら一文あげる」と寄進した。一番帳はついに乞食 某《なにがし》 銭一文で始められた。大仏さんの腹の中には、乞食の一文、女中の指輪一つ、笄《こうがい》や櫛《くし》一枚というように一々書いた帳面が入れてある。

公慶は日本国中の同胞兄弟は、銘々がみな毘《び》盧《る》舎那《しやな》仏《ぶつ》であるのだから、その仏性にうったえて、その仏性をもらうのだというのである。乞食であろうが、何であろうが、そんなことは問題ではない。また大坂で銅の玉を寄付してもらった時のことであるが、木の札に「大仏殿再建寄附の金」と書いた立札を立て、その銅の玉を道端に転がして置いた。願のある者は肝っ玉《きもたま》も太いが、それがまたチャンと奈良に運ばれていた。願のある者は心にゆとりがある。

乞食月僊《げつせん》

伊勢の宇治山田に僧月僊というのがある。絵が上手で有名であったが、欲が深いというので評判が悪かった。絵を描くときは必ず幾らと決めるのであるが、これが当時の絵描きには珍しかった。大雅堂《たいがどう》なども貧乏はしていたが「銭くれ」とは言わなかった。ところが月僊は賢《かしこ》かった。幾らくれたら描こう、くれないなら描かんとはっきりしている。看板描きみたいで、乞食月僊と言われても、欲深坊主だと言われても、一向構わずに描いていた。

あるとき芸者に頼まれて、五両で引き受けた。芸者の方では計画的に月僊を恥ずかしめてやろうというので、わざと客の前で、ペンペン三味線を弾いているところへ持って来させた。月僊は注文が出来ましたと持って行って自分で床へ掛けて見せた。ところが芸者の方では知らん顔をしている。振り返っても見ない。仕方がないから「あの御注文の五両の絵が出来ました」と言うと、「五両々々言うて、うるさい坊さんやな」と立ち上がって、月僊が床に掛けた絵を外し、「欲たらしい坊さんの描いたものより、私の腰巻の方がよほど気品が高い」と言って、腰巻と掛け替えて恥ずかしめた。ところが月僊、蛙《かえる》の面《つら》に水をかけたほども効き目がない。「五両で注文を受けたのだから、五両もらえばよいのです」と言う。「図々しい坊さんや、さあ持って行きなさい」と五両の金を投げつけた。月僊は、「ありがとうございます」とだけ言うて懐《ふところ》に入れて戻った。これほど月僊の心臓は強かったのです。しかし「願」がなければ心臓も強くはならぬ。

あるとき大雅堂が伊勢に行ったとき、「あんた、あれくらい絵が上手なのに、なぜあんなに欲が深いのか、絵の値打ちが下がる」と言って忠告した。すると月僊は、「わしには三つの願がある。願のためにわしは銭が欲しい。他の絵描きは名をあげようとか、絵の値打ちを上げようとか考えるが、わしのは絵も売れよいように描いて、少しでも銭を儲けようと思うのだ」という話だった。

月僊の三つの願とは、その第一が、師匠が本堂の再建を志していたが、どうしても出来ずに苦に病んで死んだ。わしの筆の先で貯《た》めた金で、師匠の考えていたことを遂げてやりたいということ。第二は、外宮《げぐう》から内宮に詣る途中にお杉《すぎ》お玉《たま》の間《あい》の坂《さか》があるが、あの辺は非常に道が悪い。その道普請《みちぶしん》をして、諸国からの道者を、安全に馬や駕籠から降りないで楽に行けるようにしたいということ。このお杉お玉というのは乞食のことで、私も子供のときに伊勢詣りで歩いたが、その間の坂を通ると、破れた三味線をペンペンやっている。穴あき銭をぶっつけてやると、うまいことバチで受けよった。第三は、俗に伊勢乞食といってたくさんの乞食がいるが、たとえ一人でも二人でも、この筆先で儲けた金を元手にやって、堅気にしてやりたいということであった。

六十一年目に大遷宮があって、これを「おかげ年」と言う。おかげ年には、日本全国から柄杓《ひしやく》一本で、銭を持たずに集まってくる。笠にも柄杓にも「おかげ」と書き、銭一文持たなくても伊勢詣りができたものである。最初は信仰から行くのであるが、伊勢へ着かぬ先に本物の乞食になってしまう。宇治橋の下にはたも（網）をうけて待っている。橋の上から銭を投げる。それを下で拾うのである。大菩薩峠の米友さんもこの銭拾いの仲間であった。

月僊はこの三つの願があるために金が欲しいので、気まぐれに絵を描いているのではない。欲を深うしているが、わしの願を聞いてくれと、しみじみと大雅堂に語るので、大雅堂も恐れ入って引き下がったということである。

『正法眼蔵《しょうぼうげんぞう》』生死《しょうじ》の巻に、道元禅師は、

「ただわが身《み》をも心《こころ》をもはなちわすれて、仏《ほとけ》の家《いえ》になげいれて、仏のかたよりおこなはれて、これにしたがひもてゆくとき、ちからをもいれず、心をもつひやさずして、生死《しょうじ》をはなれ仏となる」

とお示しになりましたが、これが仏教者の願です。また「礼拝得髄《らいはいとくずい》」の巻には、

「ただまさに法をおもくし、身をかろくするなり。いささかも身をかへりみるこ

と法よりもおもきには、法つたはれず」

とある。まったく仏道の今日あるは、古聖《こしよう》先徳の願行のおかげである。とにかく仏の教えに生きようという者は、一生の間「願」を持たねばならぬ。

人達はよく金を欲しがるが、私には金も要らん、何にも要らん。ただお粥《かゆ》すすって坐禅する一本道より外《ほか》にない。なんとかしてみなに坐禅させようというのが願で、この外には何もない。願に叱られて、見とどけられて、睨《にら》まれて、割合に科《とが》なきに近い生活をして、とぼとぼと歩いて行く澤木という坊主を、自分で見つめて行く……端的に言えば自分を坐禅に投げ入れて、坐禅に叱られ、坐禅に手を引かれてこの一生涯を渡る、これが私の「願」です。

大智禅師の発願文《ほつがんもん》には、

「願わくは、我れこの父母所生《ぶもしよしよう》の身《み》を以て三宝の願海に回向《えこう》し、一動一静法式《いちどういちじようほつしき》に違《い》せず、今身《こんじん》より仏身に至るまで、その中間《ちゆうげん》に於て、生々世々出生入死《しようじようせせしゆつしようにゆうし》、仏法《ぶつぽう》を離れず、在々処々《ざいざいしよしよ》広く衆生を度《ど》して疲厭《ひえん》を生ぜず、或は剣樹刀山《けんじゆとうざん》の上、或は鑊《かく》湯炉《とうろ》炭《たん》の中《うち》、ただ是れ正法眼蔵《しようぼうげんぞう》を以て重担《じゆうたん》となして、随処《ずいしよ》に主宰《しゆさい》とならん。伏して願わくは、三宝証明《さんぼうしようみよう》、仏祖《ぶつそ》護念《ごねん》」

とある。どうぞ一生の間にこの本当の自分を奪い返そう、悪魔から魅せられ、ごまかされている自己を奪い返して仏と共通した自己を握ろう。これこそ私事ではいかん、公明正大に実行するために三宝証明、仏祖護念という願も出てくるのである。「願」こそ我々の行にはどうでもこうでも、なければならぬ大灯明であります。

和の話

大和の語源

私は奈良の法隆寺に多年おった関係から、聖徳太子には特に親しみを感じている。法隆寺はもう誰でも知っているように、聖徳太子が推古天皇の十五年にお建てになったもので、太子の御事績をうかがう資料がたくさんにある。

聖徳太子の十七条憲法第一条に、

「以《テ》レ和《ヲ》為《ス》レ貴《シト》」（和《わ》を以《も》って貴《とうと》しとなす）

とあるが、この和ということが、十七条憲法のどこを開いて見ても説かれてあるような気持ちがする。また十七条憲法の政治理想、すなわち聖徳太子の政治理想がこの和にあったものと思われる。

それから第三条に、

「承《ケテハ》レ詔《ヲ》必《ズ》謹《メ》。君則《ハチ》天《トシ》レ之《ヲ》。臣則《ハチ》地《トス》レ之《ヲ》。天覆《ヒ》地載《ス》」

（詔《みことのり》を承《う》けては必ず謹《つつし》め。君《きみ》は則《すなわ》ち之を天とし、臣《しん》は則《すなわ》ち之を地とす。天覆《おお》い地載《の》す）

これを読んでも和である。第十条に、

「絶《チ》レ忿《ヲ》棄《テ》レ瞋《ヲ》。不《ラ》レ怒《ラ》二人《ノ》違《ルヲ》一。人皆有《リ》レ心。心各有《リ》レ執《ルトコロ》。彼是《ナルトキハ》則《チ》我非《ナリ》。我是《ナルトキハ》則《チ》彼非《ナリ》。我必《ズシモ》非《ズ》レ聖《ニ》。彼必《ズシモ》非《ズ》レ愚《ニ》。共是《レ》凡夫《ナルノミ》」

（忿《いかり》を絶《た》ち、瞋《いかり》を棄《す》て、人の違《たが》えるを怒《いか》らざれ。人皆心有り、心各々執《と》るところあり。彼是《ぜ》なる時は則《すなわ》ち我非なり、我是なるときは則ち彼非なり。我必ずしも聖《せい》に非ず、彼必ずしも愚《ぐ》に非ず、共に是れ凡夫《ぼんぷ》なるのみ）

これも和。第十五条に、

「背《キテ》レ私《ニ》向《ウハ》レ公《ニ》是《レ》臣之道《ナリ》矣。凡《ソ》人有《レバ》レ私必《ズ》有《リ》レ恨。有《レバ》レ憾必《ズ》非《ズ》レ同《カラ》。非《レバ》レ同《カラ》即《チ》以《テ》レ私妨《グ》レ公《ヲ》」

（私《わたくし》に背《そむ》きて公《おおやけ》に向かうは、是れ臣《しん》の道《みち》なり。凡《およ》そ人私有れば必ず恨《うらみ》あり、憾《うらみ》あれば必ず同じからず、同じからざれば則ち私を以て公を妨ぐ）

これも和。第十七条に、

「事《ハ》不レ可《ラ》二独《リ》断《ズ》一必《ズ》与《ト》レ衆宜《シク》レ論《ズ》」

（事は独り断《だん》ずべからず、必ず衆と宜《よろ》しく論ずべし）

こういうふうに和ということが持戒となり、和ということが腹を立ててはならぬということになり、和ということが忠となっている。それには、どうしても信仰がなけ

ればならぬというのが、第二条の、

「篤《ク》敬《ヘ》二三宝《ヲ》一」（篤《あつ》く三宝《さんぽう》を敬《うやま》え）

ということになっている。

私は和ということをいろいろ考えたが、日本のことを「大和《やまと》」というのは、これはいわゆる「大和《だいわ》」ということです。つまり我々の最後の理想、一切の根本的最後の理想がこの「大和《だいわ》」という欲求であらねばならぬわけなんだ。皮相の欲求は自分の懐《ふところ》だけ肥《こ》やすということである。

聖徳太子の御一代は和の実現に向かって終始されたわけです。

宗教家というものは人と神との和ですな。人と神との和ができなければ人間と人間との和ということは、皮相なものにすぎない。ちょっとお前に惚れたと言う。それはだんだん皺《しわ》がよってくれば嫌いになるということであって、なにも大したことではない。好きなときは好きだと言うようなものだ。

そこでこの和ということが我々の宗教、道徳、精神文化の理想であって、これより他に理想はないわけである。戦《いく》さをするのでも和のためにするのでなければならぬ。どうしても和ということができぬから戦さをするので、戦さのために戦さをする、勲章が欲しいから戦さをする、そんな阿呆なことはないわけである。戦さが弱いということは和ということが整わないからである。それで和の整った強い兵隊がなければならぬわけだ。よい武器がなければならぬわけだ。

昔から「兵法は平法」と言うて、刀は人を斬るものでなく、和を計るためなんだ。治めるためなんだ。その和のためならば自分が死なねばならぬこともあるわけなんだ。和のためならば切腹せんならんこともあるわけなんだ。自分一人死んで敵味方が助かるならば、こんなうまい話はない。昔、俠客《きょうかく》が命がけで、待った待ったと言って敵味方を分けた。そいつは両方とも殺し合いする奴を助けたわけだ。それだから男が良うなったのである。命が欲しくて、自分が酒をよばれようと思って仲裁するくらいのことはなんでもない。自分の命を投げ出して、そうして敵味方の血の雨を防いだからこそ男伊達《おとこだて》である。

大化の改新

聖徳太子がお崩《かく》れになってからのことだが、太子の第一皇子の山背大兄王様《やましろのおおえのおうさま》が法隆寺の東院、つまり今の夢殿ですな、あすこに住まっていられた。ところが入鹿《いるか》という暴虐な奴がいて、これを焼打ちにした。無茶なことをやったもんだ。そこで山背大兄王様は獣の骨を屋敷の中にばら撒《ま》いて、そうして自分が焼け死んだように見せかけて、生駒山《いこまやま》に逃げて行かれた。そうして先ず静かに考えられた。家来の者達は「これから再挙をいたしましょう、太子様の御恩を蒙《こうむ》った方がたくさんありますから、その者達を頼って再挙を図ろう」と言う。ところが山背大兄王様は「自分一人のために、敵にせよ味方にせよ大勢の命を棄ててはまことに相済まぬ。それで我々この一族郎党がみんな死に果ててしまえばええのだから、死に果ててしまおう」と言われた。

結局、太子様の御一族はあの法隆寺の五重塔の上で、まことにお気の毒な御最期を遂げられた。もったいない話だ。このことを善光寺の縁起とか、そういうものには、五色の雲が棚引いて笙《しょう》、篳篥《ひちりき》の音がして五重塔の上から極楽浄土へ玉の懸橋が架かってお帰りになったと、きれいに書いてありますが、実際はそうでなかった。でも生仏《いきぼとけ》様の聖徳太子のお子様やお孫様が、みんな不遇に終わられたというようなことは思い出してももったいない。気の毒な、胸が悪い。それだから、そういうふうに書かれてあるんです。極楽浄土からこの世界の衆生を済度しに来られた方と考えられてあるものだから、五色の雲が棚引いて玉の懸橋が架かって五重の塔の上から極楽へ、笙、篳簗の音でお帰りになったというんですな。こういうことは時代を一つ越えるというと歴史性を超越するものです。

私のことをよく「社会主義者と取っ組み合うて咽喉首《のど》を絞めて押さえたげな」と言う者がある。なに、私はそんなに柔道が強いことはあらせん。柔道みたようなものは知らない。また、「阿蘇の爆発している噴火口の淵で坐禅をしておったげな」と言う。そんな阿呆なことをするものか。けれどもこれが歴史性を超越しているのかも知れない。それに尾鰭《おひれ》を付けて言うとまた次の者がそれに輪をかけて言うようなことで、これは時代が一つ通過するというと誇張して、まあ現実にあるまじきような表現も生まれるわけです。

しかし、このことがあの中大兄皇子《なかのおおえのおうじ》と鎌足《かまたり》とを固く結ばせたんです。

これは何もこのお二人に限ったことじゃない。その時代の民衆、一般の官民の頭の中にどうしても入鹿《いるか》の暴虐をこのままに捨ておけぬという空気があって、そうして入鹿を討伐し、ついに聖徳太子の御理想通りの政治ができたのが大化の改新であった。大化の改新時代の歴史を研究するというと、いろいろの政治がある。政治が悪ければお寺の鐘をつけとか、あるいは投書箱が設けられたり、いろいろなことが設けられているのは、みなこれ聖徳太子の御理想が実現して、大化の改新が行なわれたわけなんだ。つまり随分遠回わりになっているけれども、やはり山背大兄王様が身を捨ててこの和ということを計らわれたので、本当の意味においてこれが整うたのです。

鏡・玉・剣

日本の国というものは考えてみるというと、いろいろ面白いことがある。日本には鏡、玉、それから剣《つるぎ》というのがある。これはまあ日本人は誰でも知っているのですが、この日本の鏡と玉と剣というも和の表徴です。鏡ということは私照《ししょう》のないことです。いくら高価な鏡を買うておいたからとて私の顔が可愛らしくええ男に見えはせん。この羅漢面が立派に見える、眉毛も可愛らしい眉毛に見える、そんなことはあらせん。鏡に私照なく、ちっとも私がない。だから正直に映す。これが智慧、鏡が智慧の表徴です。

また、玉は……私は球突きみたいな猫のような真似はしたことはないが、しかし面白いですな。コロコロ転げよって、どこが上とも、下とも、頭とも尻とも訳が分からぬ。コロコロ転げ歩いて、そうして一向どうも、おれはこうだと言って、しゃちこばってはおらぬ。玉というやつはこれは柔和善順、つまりあんたの好きなようにわしはなる。人が突いたように動いている。これは善順と言うて物に順ずることです。一軒の家庭でも婿さんが自分の勝手なことばかりしておってはいかぬ。婿さんは嫁さんの好きなようにせなければならぬ。嫁さんは婿さんの好きなようにせなければならぬ。これがなかったら和ということはありませぬ。

それからあの茶人ですな。自分はお茶の技術を知っているので、他人を見て、あいつは知りはすまい、どんな仕方をするかアラを見てやろうというような理屈で人のアラを見るし、客は、主人が釜かけよるな、嘴《くちばし》の黄色いくせに何をしよるじゃろ、ろくな道具もあるまい、というようなふうで、検閲官みたいな顔をして見ている。これはお茶の極意でないと私は聞いている。

お茶の極意は、客は主人の思惑通り、主人は客の思惑通りにするものと聞いている。それは慈悲です。母親は赤ちゃんの思惑通り。小児科の医者に聞くというと、母親というものは偉いもんだと言う。父親は子に対しては本当に何も知らない。母親がなかったら子供の病気は分からぬそうです。母親があればこそ、それを頼って、なるほど夕べはオシッコをどれだけしたとか、便が軟《やわら》かかったとか、夜、目を醒《さ》ましておびえたとか、何も彼《か》も聞いて、それと自分の学んだ医学とを照り合わして、よく分かるのだそうです。そうするとこの善順、玉というものは慈悲です。次に剣というものは、剛利決断《ごうりけつだん》です。人間はこの剛利決断というものがなければダメですな。おれはたばこをやめようと思うのだけれどもやまぬのじゃ。おれは飯を食い過ぎる、飯さえ食い過ぎなければよいのだが食い過ぎるのじゃ。おれはあの癖さえなければええのじゃけれども、それがやまぬのじゃ。そんなことを言って一生暮らしておらねばならぬ。これではどうもならん。この剛利決断がなければならぬ。結局思うことがやれぬ、そんなやろうと思うことがやれぬようなことなら男一匹とは言われぬ。とにかく、自分でやろうと思うことがやれぬというようなことでは人間ダメである。

私が十三の子供のときに養父を驚かしたことがある。これには脇の下から汗が出るほどもゆかぬだろうが、一生思い出しては胸糞の悪い子供だと私のことを思ったに違いない。

俠客《きょうかく》が七十人ばかり喧嘩をしよったのじゃ。それを相伴《しょうばん》に行って見ておった。そうすると養父が危い危いと言っておった。この俠客の中に私の母方の親類があったのじゃ。これは警察でもよう知っている。警察は喧嘩のある方へは行かないで、ない方ばかり行っておって、モヤモヤ騒いでおった。そうしてまあ解散せよとか、寄りたかってはいかぬとか言った。俠客たちは菰《こも》に太刀を捲《ま》いて寄り合っていたが、とにかく相手を殺してから一人の者が自首して出ることに決まった。そしてそのことをやって血刀《ちがたな》を提《さ》げて、ある山の中に逃げ込んだ。

その晩、親類の関係から私の養父が「みなはどこそこへ散ったけれども、それをすぐに言うことはならぬ。が心配は要らぬ、命に別状はない」ということを、山に逃げた一人の男の妻に知らさなければならんハメになった。ところが、そいつがちょっと気味が悪うてできん。だが親類の一大事だから行かんならん。誰か人をやろうとしたが誰も行く人もない。銭もない。おまけに雨がショボショボ降る。三里ある。よし、私が行って来てやろうと言って、私が行った。ちょうど、戦さなら斥候《せっこう》に行くのと同じような気持ちがしたです。そして立派に行って戻って来た。これからは養父も私の頭をコツンとようやらぬようになった。

なんでも人間は思い切ってやるということが非常に面白いことです。「よし！　やる」と、これでなければダメです。やることはやるけれども、喧嘩ばかりしておっては、こいつもダメだ。辛抱が強くなければならぬ。

水戸義公《みとぎこう》が子供のときのことです。水戸に行って聞くというと、六歳説、九歳説と、十一歳説とありますな。あるとき、お父様が夜中に獄門の首を一つ取って来いと言った。中を取って九つとして、こんな子供に獄門の首を持って来いというのだから、えらい宿題だ。そうしたらハイと言って行った。そうして下から獄門の首を竹ん棒か何かで突き落とした。ドスンと落ちる無気味な音がするに違いない。想像できる。それが重いから持てぬ。で頭の毛を握って引きずって持って来た。そうしたらお父様のおそばに付いている家来が感心した。しかし義公は、「お父さんの仰せならどんなことでもできるのじゃ」と言われたそうだ。こういうようなことが剣、つまり勇気ですな。まさに剣はその勇です。

智慧と、慈悲と、勇気と、この三つがなければ人間一匹、具足せぬ。夏目漱石が、「智に働けば角が立つ、情に棹《さおさ》せば流される、とかく、人の世は住みにくい」と言うたそうな。それでは泣《なき》みそにならなければならぬ、そんな泣みそになる必要はない。やることとだけどうとやったらそれでよい。どんどんやったらよい。そしてこの三つがよく渾然として、たった一つになって働くのだ。

それが先に言った「大和《だいわ》」ということなのだ。大和魂《やまとだましい》というものは、この三つが調子よく渾然として働くのである。日本の日の丸の旗というものはそれを表徴しているのです。日の丸の旗は面白いです。清く明るい白地に円《まど》かなる赤玉、清く明るく円かなる、つまり敷島の大和心を一つの旗にしたものです。これは和です。つまり日の丸の旗というものは、日本精神の大曼荼羅です。日本精神の曼荼羅であるこの三つが渾然として境目がない。そうして我々がこの三つを工夫しては共同生活するのです。

調和の生活

共同生活にも夫婦の共同生活、親子の共同生活、軍人の共同生活、友達の共同生活、いろいろな共同生活がある。これは一つの人形を描いてみるとよく分かる。人間の体には頭あり胴あり手あり足があって、よく調和した共同生活をしているんです。国というのも県というのも、これは共同体です。こいつが理性を欠いたらバカになるんじゃし、慈悲心が足らぬと残忍な奴になるんじゃし、勇気が過ぎれば野蛮人になるんじゃし、そうして頭だけ先へ行ってもダメなんだし、足だけ先へ行ってもダメなんだし、これ全体が一つになって働かなければダメなんだ。

山林技師に聞いてみるというと、樹木というものは二本あっても三本あっても、根張りが共同生活をうまい具合にしているそうですな。枝が二本あると相互に枝を譲るそうです。根もそういう具合に譲り合って張るそうです。そうしてわずかのようだが相互に絡み合う。それで風が吹いてもうまく行くんだそうな。あれは共同生活をうまくやっているのである。

我々の坊主の生活も共同生活です。私はよう宿屋に泊まるが、職業はと聞かれる。なんぞ書かなければならぬ。坊主という職業、そんなものはあるわけはない。私は無職と今日まで書きよった。だいたい僧伽《サンガ》ということは梵語で衆和合《しゆわごう》というので、理想的共同生活という職業ですが、そんな阿呆な職業はありゃせんがな。だから私は無職と書きよった。ところが学校の先生になったもんだから、この頃は教員と書く。頭を見ると贋《にせ》教員だろうと宿屋では思うだろうが、今度はそう書かざるを得ぬ。

人間の生活には歩調ということが非常に大事です。夫婦の間でも、自分の好きなものばかり、おかみさんが南瓜《かぼちゃ》が好きだからといって南瓜ばかり炊いてくれておったら、婿さんは胡瓜揉《きゆうりも》みで一杯飲みたいと言って揉めが起こる。なんじゃ、また南瓜かと言うに決まっている。婿さんが自分勝手に酒ばかり飲んで威張っていたなら、こいつもよくないに決まっている。

共同生活はうまく歩調を合わさなければならぬ。おれが戦さをするのでもない。一人だけ飛び出しても戦さはできぬ。全体が前へ……と言って板のようになって行かなければならぬ。騎兵がやるにしても、一人だけ行ってもダメだ。これが固まってワーッとやったら嚇《おど》しが利くですな。それを一人が行っても、ちっとも嚇しが利きはせぬ。あれで敵の肝っ玉を抜いてしまう。ワーッと揃って軍刀を振り回わして行くのでよい。そうすると、総てのものが共同生活です。生活が共同であるばかりでなく、我々の体と心とが調和しなかったら、これまた何にもならない。迷いというのは体と心と離れ離れになっていることです。魂《たましい》と胴体とが別々になっていることです。『無門関《むもんかん》』という書物の中に倩女離魂《せいじょりこん》の話《わ》というのがある。魂と胴体とがよくひっ付いていればそれでよい。

道元禅師の『永平清規弁道法《えいへいしんぎべんどうほう》』に、

「動静一二如シ大衆ニ一、乃至抜ケテレ群ヲ無シレ益」（動静大衆《どうじょうだいしゅ》に一如《いちにょ》し、乃至《ないし》群《ぐん》を抜けて益《えき》なし）

ということがある。

ところが人間というやつは自分だけ偉くなろうと思う。自分だけうまい物を食おうと思う。全体のことを一遍も考えない。もし全体のことを考える人があれば、それは聖者です。全部のことを考えなければならぬ。自分のことばかり考えておったら、それはつまらぬ男です。

あの二宮尊徳の一代を通覧するというと、人間全体のこと、村全体のこと、家全体のこと、日本全体のこと、百姓全体のこと、いつもそれを考えてやっておった人です。あれはまあ偉いもんですな。真の悟りというものはあんなものですな。決して自分自身のために努力したことは一つもないのです。武者小路実篤さんが去年やら一昨年やら初めて二宮尊徳を偉いと言われたが、それまではそんなに偉くないと思っておったんやろうなあ。

あの子供を背に負うて叔父《おじ》の萬兵衛の所で苦学するところやら、草鞋《わらじ》を作って勉強するところばかり知っておって、桜町の再興に当たったことや、成田山に参籠《さんろう》したことや、あの非常に人を助けるために我が身を投げ出して、そうして、しかもねばり強い精密な頭を使って、キッチリやってきたことを、世間の人は多く知らずにいるらしいのですが、実に偉いもんです。

また、その折にふれ時に応じて人に説いて聞かせた一口々々が、自分のことばかり考えることのいけないことを戒めている。例えば、風呂に入れば風呂に入るで、「自分の方へ湯を掻《か》き寄せても自分の方は深くはならないのじゃ。まああんたの方が浅かろうで、あんたの方が深うなるようにと、掻きやっても掻きやるそばから自分の方にかえってくる。なに貴様の方にやるものかと自分の方に掻き寄せても、掻き寄せるそばから向こうの方へ逃げて行く」とその言い方の総てがこうなんです。

この全体のことを常に考えているという洋々たる気持ちが、つまり我々のあらゆる階級、あらゆる層、あらゆる団体の和の根元となるのです。

戒和敬

仏教に六和敬《わきよう》ということがある。もし今の時代の人に足らぬものがあるとすれば、それはこの和敬ということでしょう。私の研究した武道の本に『随順抄』というのがあります。これも和敬随順です。みなと一緒に何でもやる。決して自分だけうまいことはしないのです。自分だけ得をしないのです。よく公案などにあるように「流れに随って行く」ということです。この和敬、この六つの和敬することが、それが衆和合《しゆわごう》です。

この六つの和敬がなければ我々は坊さんでもなければ、信者でもない。我々の修行ということは、この六つの和敬をできるだけ実行することである。偉い坊さんというものは、この六つの和敬が立派に実行されるのです。ところがよう誰やらが「偉くない坊さんというものは和敬どころか寺の取り合いで始終喧嘩をする」とか、「宗教家というものは、形に現われぬところの帰依によって収入が増えたり減ったりするものだから、女のごとく嫉妬心の多いものである」とか言うたが、これは、はなはだどうも宗教家としては、つまりお釈迦さんの弟子としては、ことに善くないわけなんである。

六和敬の中で先ず第一に戒和敬《かいわきよう》、この戒が和敬しなければならぬ。この共同生活の戒が和敬しなければならぬ。スリッパの音一つにでも戒が和敬しなければならぬ。道元禅師の『衆寮箴規《しゆりようしんぎ》』とか、『対大已法《たいたいこほう》』とかいうものを読んで見ると、人のために謹慎するように勧められている。スリッパの音一つでも、唾《つば》の吐き方一つでも、小便の仕方でも、こまかに戒められてある。例えば小便をするにしても、むやみに垂れ散らかされたら、これは困ってしまいます。掃除する身になってみるがよい。それじゃから、どこへ行っても、お客さんの人格がどんなものかは、普通の家なら女中さん、学校などでは小使いさんが、ちゃんと見ている。ハハアこれは人格が下だな。檜《ひのき》の真《ま》っさらな便所へ行って小便をチビチビと五、六滴たらしてやってある。こいつは癖の悪い奴だなとすぐ分かる。そうして見ると掃除する身になって小便しなければならぬ。咳払《せきばら》い一つでも嚔《くしやみ》一つでも心して人の妨げにならないようにせねばならぬ。戒法というものは上は神仏から下は小僧に至るまで、たった一つの共通した戒法を保つのです。それが各自の生活によっていろいろに、この和敬の戒めが工夫されて行くわけなんです。

見和敬

それから第二は見和敬《けんわきよう》。見ということは、見識です。この見識がみなと同一でなければならぬ。これが違うと大変だ。金剛経の中に「是《ノ》法《ハ》平等《ニシテ》。無《シ》㆑有《ルコト》㆓高下㆒」とある。是の法は平等にして高下あることなし、この高下のないところを突き止めなければならぬ。仏教ではたった一つのお釈迦さんの法にズーッと寄って来るのでなければならぬ。あんたの宗旨は何でございますかとよう言うですな。あんたの宗旨、こんたの宗旨、何宗と何宗と違うが、あんたの話を聞いていると私の宗旨と一緒ですなと、真宗の人が言ったり、天台宗の人が言ったり、日蓮宗の人が言ったりする。それが違うていたら仏教ではなくなる。キリスト教か天理教か回教かなんぞになる。

しかし歴史的には最初に上座部と大衆部《だいしゅぶ》とでき、それから五部の分裂があり、十八部に分かれ、根本二部と二十部の分裂があり、千差万別いろいろあるけれども、それはたった一つのものを生活的に独創していったわけなんだ。見《けん》はたった一つであるが、生活のうえに独創がなければならぬから、その祖師達が独創したわけだ。それだからその時代その時代で変遷がある。

たった一つのものだから、同じような恰好をしている。時代が変わるとそうはいかぬ。前の時代にはよかったけれども、次の時代にはよくない。中国でよかったが日本にはよくない。

そんなことがたくさんあるものだから、そこで祖師達はそれを独創したわけなんだ。その独創した形が宗派の分裂を起こした。宗派の分裂ということは、別なものに分かれたのでなく、もともと見はたった一つなのである。見がもし不必要なものならば散《さん》見《けん》です。それは仏法でなくなってしまう。こういうわけで見和敬がなければならん。この見和敬は『信心銘《しんじんめい》』にもある通り、

真《しん》を求むることを用いず
唯《ただ》須《すべか》らく見《けん》を息《や》むべし

この息《や》んだ見《けん》こそ本当の見和敬です。この見が和敬しなければならんわけだ。銘々の勝手な意見を出して角突き合いで喧嘩するのは見和敬でない。

利和敬

それから今度は利和敬。こいつがまた揉《も》めの起こる元です。お布施の山分け。おれの方が少ないから、もうチーッとよこせ、おれの方がええ衣を着ているからもうチーッとよこせ。いや年が上だから、年が若いから、足が速いから、位が高いからという――そんなバカなことはない。坊主に位というものが、そんなにやたらにあるもんじゃない。坊さんを請待《しょうたい》するのに、声のええ坊さんばかり頼むというのもこれは間違いである。それではまるで芸人みたようである。器量《きりょう》のよい、男好きのする芸者ばかり抜き出すのと同じじゃ。禿頭《はげあたま》の爺さんが、若い芸者を可愛がるのとあまり違いはない。

しかし実際こんなことで坊さんにも収入の違いがあるのだから大変な話なんだ。

仏様は、坊さんを頼むには順序通り、次第請《しだいしょう》でなければいけないと言われている。

その中にもし子を抱いて酒屋に酒飲みに行くような坊さんがいても、羅漢さんと同じこっちゃと言うのです。実に愉快な話ですな。

そこが利和敬。実に公明正大なもので、ここが仏教の尊いところだ。もちろん行ないがよければそれに越したことはない。それを坊さんの方から、おれは生まれつき行ないは悪いけれども、そういうことなしにお布施をよこせなんて言ったらおかしい。供養する方の判《はん》じに任せなければならぬ。また托鉢に行くのでもお布施の多い所ばかり行く。専門になると、あすこはお布施が多いということがチャンと分かるそうです。くれぬ所は黙って通るのだそうです。これではいかん。くれてもくれんでも門を一軒一軒立って行くのが本当だ。

これが次第分衛《しだいぶんね》で次第に分衛（托鉢）する。賢人も聖人も凡俗もそれで利和敬する。それをお経の中には、水に月の映るようでなければならぬとある。砂糖水だからうまいようにピカッと映ってやろう。泥水はチョイと映っておいてやれ。小便には映らんといてやれ。それではいかん。小便にでも、涙にでも、唾にでも、田圃にでも、清水にでも、泥水にでも、水であれば必ず映るというのでなければならぬ。これが利和敬です。

自分だけうまいことをしようという胸勘定《むなかんじょう》が我々にはあるもんだから、山の中で財布を蹴るような迷いを起こす。お宮さんに朝早く詣って南無大明神《なむだいみょうじん》、金比羅大権現《こんぴらだいごんげん》、八百万《やおよろず》の神々、どうぞ帰りに財布が落ちていますようにと拝んで、帰り路に財布が落ちているのを見た。足で蹴ってみたがコチコチに凍て付《い》いている。これはどうもならん。道具を取って来たいが、その間に他の人に拾われては、せっかく神様のお恵みになった財布だから申し訳がない。ぜひとも自分で拾わなければならん。どうしようか知らんと思っていると、下腹に温《ぬ》くたい物がどっさり溜《た》まっているのに気が付いた。それで凍て付いているのを溶かすために小便をひっかけた。よい具合に溶けてきたので、よしきたと思って拾おうとしたところが、ピチャピチャとした。もうその辺一面ベタベタになってしまった。

それは夢であった。財布も何もあらせん。あるものは小便ばかり、寝床の中が小便の洪水だ。これは自分だけ得しようと思っとる人の面白い例ですな。これは利和敬じゃない。公明正大にもらって受ける。物の大小にかかわらず、たとえ花弁一つでも、一飯の食でも、この利和敬が大切だ。信仰上の道にはこうありたいものです。和尚がうまい物を食って、小僧にうまい物を食わせぬために随分問題の起こったことがお経の中にも、律の中にもチョイチョイある。この利和敬ということは非常にええことです。

身和敬

次は身和敬《しんわきょう》。体が和敬でなければならぬ。在家のは和敬ではない。一方では七三に分けている。こっちはいが栗にしている。また片一方では和服を着ている者もあれば、洋服もある。そうかと思えば中国の服もある、勝手放題だ。女でもその通り、洋装でござれ、和装でござれ、丸髷《まるまげ》でござれ、断髪でござれ、これまた勝手次第、それでは身和敬でない。

坊主は身和敬です。誰も彼もツルッと剃っている。それを訳の分からぬ坊さんが、「男は嬶《かかあ》をもらわなければならんから、頭の毛を伸ばさんならん」と言い、尼さんが蓄髪論を言うてみたり、地位を欲しがったりしたら、もう何を血迷っているのか訳が分からぬ。我々は坊主であればこそ、地位というものがない。お釈迦さんも地位を捨てて乞食になられたのだから、坊さんもこれでよかりそうなもんだが、地位を欲しがったり資格を欲しがったりする。それなら坊主をやめたらよい。私は坊主にならなんだら陸軍では大将になり、学者なら大学総長ぐらいになっていたかも知れないが、そんなことは好かぬからならぬ。乞食が好きだから、素裸で頭の毛まで裸にしている。

禅寺に四、五日行ってみて、大勢の坊さんが綺麗に剃った頭を並べているところは、実にある一種の神々しい感じを与えるものです。ツルッと剃った者が二百人も並んでごらんなさい。実に立派なものです。

若いときに私は永平寺に行った。その時分は学校ばやりのときだから、たくさんはおらなんだが、百人ぐらいの雲水がツルッと剃って並んでいた。実に神々しい感じを受けたもんです。今は永平寺の中も忙しくなったけれども、その時分は閑散なもので、頭を剃ることが修行で、ツルッと剃って、そうして「一《ひとつ》には功《こう》の多少《たしよう》を計り」と、お経を読んで御飯を食べるのを見て、これは極楽じゃないか知らんと思った。つまり円《えん》頂方服《ちようほうふく》です。円い頭に四角い着物、これが身和敬です。それからみんなピシャンと坐禅をする。仏教で特に坐禅するような宗旨があるわけでない。お釈迦さんも阿弥陀さんも、みんな坐禅してござる。これが身和敬です。

口和敬

それから口和敬《くわきょう》。言うことが和敬する。これが非常に尊いことです。お釈迦さんのおっしゃったことを、例えば目上の人には目下の者は絶対に服従しなさい。そうして良いことは目上の人に譲りなさい、こう代々ズーッと言ってくる。

仏教には階級がない。ただ一日でも早く坊さんになったというのが、それが順序です。頭のよい者が偉いかというと、どんな者が頭がよいか分からぬから、そんなことは言わず、一日でも先に坊さんになった者を、先輩として尊ぶのです。

昔、猿と象と鳩とが林で遊んでいた。ところがお互いに、あんたとわしとどっちが偉いやろうかと言って、席順を決めようじゃないかということになった。そこでこの場所に来たときの一ばん早い者を目上にして席順を決めようということになった。「そんなら象さん、あんたはいつここへ来たのか」と他の二匹が訊《き》いた。すると象は「わしがここに来たときには、この栴檀《せんだん》の林がわしの目ぐらいの大きさだった」と言う。それでは「猿さん、あんたはどうだ」。猿さんは「私がここに来たときには私の目ぐらい出ていた」と言う。最後に鳩さんは「この栴檀の実を向こうの山から啣《くわ》えて来て、ここに落として生えたのがこの栴檀の木です」と言うた。それで鳩が一ばん目上であると決まったという。

それから鳩を猿の頭の上に乗せて、その猿が象の背中に乗って、「目上を敬い仲よく暮らそう、これが世界で第一番じゃ」という唄を歌って踊ったということがお経に書いてある。この目上を敬い、その先輩の教えに従い、その正法《しょうぼう》を守るということが、実にお釈迦さんの正法なんです。

阿含経《あごんぎょう》の中に海板沙弥《かいばんしゃみ》という人の話がある。この海板沙弥があるときに、目上の老僧と一緒に航海していると、船が難船した。沙弥は板切れ一枚をシッカと掴《つか》んでいた。ところが老僧が「沙弥よ、お前は仏の教えを知っているか、仏の教えには目上の者には良いことを譲れ、難儀なことは若い者がしろ、こういうことがある」と言った。海板沙弥は「それはよく存じております」と言って、その板切れを早速、老僧に献上した。老僧は助かったが沙弥は溺れて死んだ。ところが海神が驚いて、海の底から引っくり返して、この沙弥を陸の上に打ち揚げたということが書いてある。

これはみな、この上座《じょうざ》の教えを守り、順序通りに、目上の者を敬い、目下の者がそれに仕えて微塵も背《そむ》かないことを示したもので、かように目上の人の教えを守り、またそれを目下の者に教え、代々これを伝えてゆくのが口和敬です。そうしてそれを実際に行なってゆくのです。

意和敬

第六番目が意和敬《いわきょう》。心の和敬です。涅槃経《ねはんぎょう》に「心の主《しゅ》となれ、心を主とすることなかれ」とある。この心の主とならなければならぬ。心を主としてはならぬ。

『正法眼蔵』礼拝得髄《らいはいとくずい》の巻に、

「ただまさに法《ほう》をおもくし、身《み》をかろくするなり。世《よ》をのがれ道《どう》をすみかとするなり。いささかも身をかへりみること法よりもおもきには、法つたはれず、道うることなし」

とある。これはもと阿含経に出ているもので、非常に大切な言葉です。出家ということが藁《わら》小屋に住むとか瓦《かわら》小屋に住むとかいうことではなく、世を逃れて、すなわちこの浮世の流転輪廻の迷いを逃れて、道を住家《すみか》として、法を重くし身を軽くしなければ本物じゃない。そうすると法の中に身を打ち込んで法通りに引っぱられてゆく、それが我々の意和敬です。

楠木正成《くすのきまさしげ》が「身の為に君を思ふは二心《ふたごころ》君の為には身をも忘れて」と言うておられるが、この「君の為には身をも忘れて」です。法を重くし身を軽くする、これが非思量《ひしりよう》です。無念無想です。これが法三昧です。

ただ自分の生活を見てみればよく分かる。法のために総ての努力をしているか、身のために法を説いているのか、これを天秤にかけてみたらよく分かる。法のために元手を卸《おろ》しているのか、法を餌にして食っているのかをよく見なくてはいかん。私が法から引っぱられて、生活の全部が、例えば飯を食うのも、寝るのも起きるのも、これが法のためであるならば、それが非思量であるわけなんだ。それはまた、和の根本になるわけです。

つまり言うと、この私というものの尽きたところ、この思慮分別の尽きたところでなければ、和ということはできない。そうすると、和とは、虫のよい個人我の考えの尽きたところを言うのです。

悪人ばかりいる家はよく治まるが、善人ばかりの家はよく揉《も》めるというのはどういう訳かというと、俺がなぜ悪い、こういう善いことをしているじゃないかと言う、こういう者がいるから揉めてかなわぬ。悪人ばかりであると、みなでわしが悪かったと言う。主人も奥さんも、女中さんも小僧さんも、みな己《おの》れを空《むな》しうしている。ただ道を先にして、己れを空しうすれば、そこに和がある。これが和の根本です。だからこの本当の信仰、本当の道がなければ和は生まれない。和の破れるのは我《が》があるからです。

我というものはおれの独占の品物だとこう思っている。この自分は自分のものだと思っている。自分の物か神様の物か、国の物か家の物か、訳が分からんですな。人間の家庭を見ても親父が嬶《かかあ》の使用人やら何やら訳が分からぬ。嬶が家で玉子を温めておって、主人になんぞ餌を拾って来いというような気持ちがする。かと思うと親父が、おれは餌を拾って来るから貴様は玉子を温めろというのか、どちらが主になっているのか訳が分からぬ。

人間というものは、この和というもの一つ、つまり己れを空しうしてよく調和したものがない場合、すなわち我というものがある間は、まだまだ何をしているのか訳が分からんと思う。この我の尽きたところが和の徹底するところである。

弾指《だんし》一声《いっせい》

昔、インドのある国王が出家して迦旃延《かせんねん》尊者の弟子になった。そうして山に入って坐禅をしておった。ところがその隣国の王が五百人の美人を連れて山に遊びに来て山で園遊会をやりよった。いろいろ御馳走を持って来て酒を飲んで、ドンチャン騒ぎをやった。終いには美人に膝枕をして寝てしまった。美人達は蜘蛛《くも》の子を散らしたように草花を摘んだり、木の枝を折ったり、谷へ下りたりして遊び歩いた。そのうちのある者が、だんだん行くと、木の下のちょうどいい加減の所の岩の間に、一人の聖《ひじり》が坐禅しているのを見つけた。坐禅の姿は誰が見ても尊い。この聖の周囲をとりまいて礼拝した。他の女達も、みな吸い寄せられるように集まって、そうして「尊者よ、どうぞ我々のために有難い法を説いて下さい。我々罪の者を憐れんで下さい」と言うた。そこで、国王の出家がぼつぼつ説法しだした。美人達は随喜の涙を流して聞いていた。やがてこちらの王が目を醒《さ》ましたが、誰もおらん。さあどこへ行きよったかというので探し歩いて、やっと木の下で和尚の説法に聞き入っている美人達を発見した。そこで王は非常に嫉妬心を起こした。「おのれ、ちくしょう、わしの美人達に対して何をしているか」と言って、拳骨《げんこつ》を振り上げて飛びつこうとした。すると美人達が、「この方は悪いお方ではございません、私達のために有難い道を説いて下さいます」

と言ってとめた。王はよけい腹を立て、和尚を岩の上から引きずり下ろして、唾を吐きかけたり、蹴ったりして美人達を連れて引き揚げた。

ところが今度はひどい目に遭った国王の出家が腹を立てた。なんとしてもひどいことじゃ、こんちくしょう、なんとかして復讐をしなければならぬ。もう坐禅どころではない。腹が立ってしようがないから、そこを引き揚げて迦旃延尊者の所へ行って一晩泊まって、それから、国に帰って、自分の息子がまだ国王でいるから、そこへ行って軍勢を集めて、象や馬やその他の軍勢も組織して、どんどんと隣りの国へ攻めて行った。連戦連勝して最後の一戦で、もう敵の大将の素っ首を引き抜くというので、ドッと敵の都へ攻め込んだが、この一戦でコロリと負けてしまった。味方は全滅する、この王は捕虜になって象に乗せられて方々をグルグル引っぱり回わされた。いよいよ最後に首を斬る所に連れて行かれた。このときに合掌したい、もう首が落ちたら終《しま》いだから、今のうちに合掌したいと霊鷲山《りようじゆせん》の方を向いて目を瞑《つむ》って南無釈迦牟尼仏《なむしやかむにぶつ》と言った。そうしたら耳のそばで弾指一声《だんしいつせい》、パチッという音がした。はっとして目を醒ました。ところが枕元に迦旃延尊者がいるではないか。

これは迦旃延尊者の所へお暇乞《いとまご》いに行ったところが、尊者は神通力で王の復讐を知って、一晩泊めて、そういう夢を見せたのじゃ。そうして戦さに勝ったり負けたり、しかも捕虜になって殺されるというドタン場、絶体絶命の境地に追いつめられた所の夢を見さした。そこへ行くと、もう敵の恨《うら》めしいのもなくなり、腹が立っていたのもなくなった。集まった五百人の美人達の可愛らしいのもなく、自分の得意の説法もなくなった。なぐられたのもなくなった。もう何もかもなくなり、ただもう真直ぐに南無釈迦牟尼仏と合掌した。ちょうどその際にパチッと鳴って、ふっと気が付いた。目を醒ましたのである。

　ここにいう国王とは我《が》のことを譬えたのだ。我があれば対立がある。対立があれば順がある。順があれば逆がある。逆があれば勝ちがあり負けがある。どっちにしたところがみな、世の中にありふれたことなんだ。そして最後まで行って何も彼もなくなった。一切のものはことごとくこれ夢、国王の位というものがこれ夢だった。その国王の位を持っていて出家したから本当の出家ではなかった。国王が出家の真似をしておったのだ。それだから前に美人が現われ、戦さが現われ、敵が現われたのだ。

　これは何を言うのであるかというと、「ただまさに法をおもくし、身をかろくするなり。世をのがれ、道をすみかとするなり」ということを教えているのである。法を重くする者の目から見れば世の中はこれ道ばかり、道が先に立ってそれに従って行く。この道が先に立たなければ法は成就せぬ。

私は十七条憲法の第一条に「和を以て貴《とうと》とす、忤《たが》うことなきを宗《しゅう》とす」とあり、第二条に「篤《あつ》く三宝を敬え」とあるのは、法を重くし身を軽くすることだと思う。これが聖徳太子の十七条憲法を貫いている思想である。和をもって政治理想とし、これを成就するには信仰が真実でなければならぬ。信仰が真実ということは、己れを空しうすることでなければならぬ。己れを空しうしたら、それが非思量である。己れが無念無想でありさえすれば、この和ということはたちまちに成就するのである。自分を先に立てれば和ということは、とうてい望まれない。聖徳太子の御恩召《おんおぼしめ》しには深い深い意味があることだと思う。

武禅一味

錯覚の人生

扱心流《きゅうしんりゅう》という柔術の目録に「静意之巻《じょういのまき》」というのがあります。なんとなく親しみのあることが書いてある。これは修行するのに、ただわざばかりでなく、坐禅をやったことがありありと見える。

柔術というものも、ただわざではない。私は武道はいずれも敵を前に置いて自己を創造するものであると思う。よく言う通り坐禅は自己に親しむことである。自分になりきることである。それを昔の禅者は「乾坤《けんこん》に対して一念」とか言っているが、なにも威張って言ったのではない。

道元禅師の『正法眼蔵』現成公案《げんじょうこうあん》の巻の中に、

「人、舟にのりてゆくに、めをめぐらして岸をみれば、きしのうつるとあやまる。目をしたしく舟につくれば、ふねのすすむをしるがごとく、身心を乱想《らんそう》して万法《まんぽう》を弁肯《べんこう》するには、自心自性は常住なるかとあやまる。もし行李《あんり》をしたしくして箇《こ》裏《り》に帰すれば、万法のわれにあらぬ道理あきらけし……かれがごとく、万法もまたしかあり」

という お言葉があります。我々の生活の中には錯覚ということがたくさんあります。私は何を食べてもおいしい。それはなぜかと言えば、平常《へいぜい》よい食物を摂《と》っておらんからである。お粥、麦飯、最も上等で寄宿舎の飯ぐらいなものである。それであるからお膳でよばれると非常にうまい。たまらんです。食べ物がその通りならば、眼に見るものもその通り、耳で聞くものもその通り、したがってそこに迷いというものが起こるわけであります。

私も日露戦争に行ったのであるが、二年も日本の女の人を見ないで戻って来たところが、日本の女は美人揃いで、天女のような者ばかりに見えた。それは戦地で汚い女を見ておったから、日本の女の人はまったく天女のように思われたので、そこに錯覚が起こったのである。

私はまだエレベーターの珍しい時分に、あれで炭坑の中へ入ったことがある。合羽《かっぱ》を着てカンテラを持ってエレベーターに乗って、地下に一里半も入った。ずっと奈落《ならく》の底へめり込んで行くような気持ちがする。ところが途中からちょっとどうやらした拍子に逆に上がるような気がした。はてな？　エレベーターが狂ったのかと思って、カンテラでよく見ると、やはりスーッスーッと下がっている。それからまた直《じ》き感じが変わったが、同じようにスーッスーッと下がっていることが分かった。これは速力を急に緩めるとその差引勘定だけ逆に戻るような気持ちがするのだということが分かったです。この気持ちに我々はいつも瞞《だま》されるのである。うまいと言っては食い過ぎる。また美人に迷うのも、嫌いというのもみなそれである。私なぞも悪い男振りを見て比較すれば、これで上等の男振りであろうけれども、好い男振りを見馴れておれば私なぞは憎らしいかも知れない。どんなのがよい、こんなのが悪いというようなことは決まっていない。私はそこに、妙な人生観ではあるが、一つの人生観を感ずる。つまりナーニ、大したことはないということだ。たいがいの問題はじっと三十年も辛抱しておれば解決してしまう。それを通り越してしまうと、よく年寄りが言うことだが、「ナーニ、若いときはなあー」そんな声が私どもの耳に残っておりますが、若い者は、色じゃ恋じゃ、すったもんだとやっているが、もう八十にもなれば「あんなことがあったかなー」ということになってしまう。

俳人一茶の句に、

人間は露《つゆ》と同じよ合点《がってん》か

というのがある。人生は夢である。まぼろしである。そのまぼろしに瞞《だま》されて、一生はおろか永劫に取り返しのつかないことを仕出《しで》かすのが人間である。

だから我らの修行、宗教的試練というものは、自分を本当のところに持って行く扱い方である。ではどうしたならば一ばんよいのか。こうすればよいと偉い人が道を示してくれて、その通り真似てよいということであったら、これは楽である。ところがそうはゆかない。あんたの場合はそれでよいか知れんが、私の場合にはそれは通用しないというように、一人々々違うわけである。一人々々違うだけならばよいが、その一刻々々に違うわけである。昨日はそれでよかったが、明日はまた違うわけである。

スラリ、スラリの奥義

武道というものは面白い。私がこの柔術の扱心流の道場に話をしに行ったときに、そこの先生に「あんたの流儀はどんな建前《たてまえ》であるか」と聞いてみた。目録の他に口伝があるというので、その口伝を聞いたのである。すると「我が流派においては、スラリスラリと申しまして、そのスラリスラリということはどういうことか、ちょっと譬えて申しますと、敵に先ず右手を逆に捻《ねじ》られると、もうどうしようもない。そこで右手だけは敵に捻じ折られても仕方がないと諦めて、左の手でスラリと新しい活路を開くのが、これがスラリスラリというのでございます。しかしそれは修行を積まないとなかなか容易に出来ないものでござりまして……」というような話であった。そいつが創造です。そのスラリスラリというのがつまり生活の創造です。この創造のない者は、これは毎日行きづまる。食わせれば食い過ぎるし、飲ませれば飲み過ぎるし、毎日行きづまる。

それならば柔術ばかりがスラリスラリかというと、そうではない。私は一ぺん美容師の講習を聞いたことがある。ある女学校の同窓会で私が講演に行ったら、ちょうどその女学校を出たずっと先輩の婆さんが美容師になっていて、なんでも後家になって子供を教育するために美容術を習ったという人だそうですが、その人の講話が始まっていた。それで私はそれを半分ばかり聞いたわけですが、それはまた皮肉な婆さんで、お化粧の皮肉をたくさん言うのです。どこの釣合いを取らなければならんとか、眉墨《まゆずみ》はどうだ、口紅はどうだ、目尻はどうだ、鼻の先はどうだとか、いろんなことを聞かされて、私は思わぬ知識を得たわけですが、結局美容術からいうと年寄ったら年寄ったなりに、その歳その歳に、その人その人に即して、自分の地顔を殺さんようにするのが美容術の極意だそうです。そうして、やや輪郭をはっきりさせること。なるほど難しいなあと私は思った。これはなかなかそれ相当の悟りが要るわいと思った。それから、ある日、一人の婦人が女優の雑誌の口絵か何かを持って来て、この通りに私を扮《つく》ってもらいたいと言って来たそうだが、その顔を見較べたら似ても似つかぬ顔だったので、「この通りですか」と念を押すと、「この通りです」と言うので、これも商売ですから、それでその通りにした。これは金には適《かな》わんと思った。どうせ怒られるだろうと思って、まあその通りにしてやって、「これでいかがですか」と言うと、姿見で写して見て「ああ似た似た」と雀の小踊《こおど》りのように喜んで、「いいえ釣《つり》は要りません」と言って帰って行ったそうだ。後から思わずペロリと舌を出したと言っていました。お化粧というものは自分の地顔を殺して、他所《よそ》の人の顔に似せたところで、それではお化けにしか見えない。

そうすると我々の心の扱い、修行の仕方、つまり人生の生き方、ここにまた我々自身の行《ぎょう》がなければならぬ。道には、やはり悟りがなければならぬわけである。自分自身を悟らなければならぬ。私がもし頭をザンギリにやってネクタイでもぶら下げていたら、おたまじゃくしのように見えるだろう思う。衣を着てごまかしているからよいのだ。地顔に相応しているのだ。それがよいか悪いか知りませんが、とにかく、衣を着けているから借り物でない顔に見えるわけである。これを変な恰好をしたら借り物に見えるかも知れん。そこに我々は自分自己を悟り、自分自己を本当に活かし得るのである。しかもそいつがまた停滞しているものではない。毎日動いている。新陳代謝しているから去年の地顔通り来年も通用するかどうか分からない。ちょうど映画のフィルムのようなものである。グルグルと回わっている。まだ母親の胎内にいるおたまじゃくしの時分から「おぎゃっ」と生まれて、死ぬまで、さらに葬式が済んでしまうまでフィルムに撮って、その一代記を本当に見せつけられたら、それこそ浄玻璃《じようはり》の鏡よりも、もっと端的で、脇の下から汗を出さなければならぬものがたくさんあるだろうと思う。あの時はあれを失敗した、あの時にようよう個性に近い生活をした、というように、グルグルと茶だった、あの時はあれを失敗した、あの時は自己を殺しておった、あの時は無茶苦茶だった、あの時にようよう個性に近い生活をした、というように、グルグルとフィルムでやったら実に面白いと思う。

それで、そんなフィルムから私自身を考えてみますと、どうしたらよいのか。私が金持ちになったところで話にならん。澤木さんが一ぺんに金持ちの旦那さんになって、利子の勘定をしておったら、おかしな話に違いない。貧乏しているから値打ちがある。これが個性にぴったり合っている。懐中《ふところ》には幾らもない。また要らんと言うから、そう誰もどっさりくれない。これがどっさりくれて、にわかに金持ちになったら大変である。澤木さんの値打ちがなくなってしまいます。

隙間だらけの生活

剣術の目録でも柔術の目録でも、やはり本当の自分というものを持つようにしなければならぬということが書いてあるわけです。扱心というのもそういうことである。「夫《そ》れ扱心流《きゅうしんりゅう》の体術は心を以て主と為す」とあります。だが「心を以て」というのは、現代語でいうならば個性ということであります。自己を殺さぬことであります。自己を悟ることである。

しかし人間はつまらないことで力の出し惜しみをすることがある。力の縫い上げをしてしまっている。縫い上げをせず、ありったけの力を出してくることが大切じゃないか。

バスに乗って、あのバスガールの働いているのを見ると実に一分の隙もない。「ストップ」「オーライ」と実にキビキビしている。運動美というか何というか、この寸分の隙間もないキビキビしたところに、一種の美を見ることができます。もしそれが運転手とでも、じゃれていたら嫌な感じがする。そこには一種の醜がある。それは隙間が多いからである。

私らが坐禅しているときは、美醜を超越した澤木独特の形ができるわけなのであります。一ばん上等な形ができるわけである。もしくは一生懸命に喋っているときに美、醜というものはない。もしあったなら私に隙間があるわけである。剣術にしても柔術にしても、また人生の生き方にしても、そこに奥義があるのではないか。月給の多い少ないでもなければ、身分の高い低いでもない。身分の低いということが人間の絶対値打ちのないということであったら、下郎《げろう》には嬶《かかあ》になり手がない。殿様ばかり望む。ところが下郎にも相当嬶になり手がある。

では幸福ということは一体どこにあるのか。幸福ということは金の番をすることでもなければ、美人の番をすることでもない。また位の高いことでもない。私は芝居はあまり見たことはないが、子供のときに見た芝居に、お公卿《くげ》さんが追剝《おいはぎ》に裸《はだか》にされてしまって「麿《まろ》が裸でまろ裸」というのがあった。あれは間抜けの標本である。身分が高いだけで隙間だらけの生活をしている。お公卿さんの生活は隙間だらけでちょっとも緊張していない。それを譬えたのであろうと思う。

するると幸福とは身分の高いことでもない。また金がたくさんあることでもない。またないことでは、もちろんない。なんでもないわけである。どの生活にでも自分というものをしっかり握り締める……と言ってはおかしいけれど、本当に自分というものを摑《つか》んで充ち満ちている場合のことであって、それを坐禅というのである。それだから坐禅ということは本当に充ち満ちた自分に親しむことである。それが成仏である。フランスのロダンの言葉に「人間は自己の幸福の鍛工者《たんこうしゃ》となり得る」とある。人間は自己の能力で自分の幸福を自分で開拓し、自分で鍛錬し自分で築き上げて、本当に自分の幸福をいつも失わないということが必要であると思う。

柔術家と仲仕の試合

おれはつまらない者だとか、おれのようなバカ者はないとか、おれは頭が悪いのでつまらないとか言うが、頭が悪ければ足を丈夫にすればよいじゃないか。私は頭が実は悪いので憶えるのは人に負けるが、走りっこなら人には負けんぞと足を丈夫にした。今でも足は丈夫です。頭は悪い、口もこの通り廃兵口《はいへいぐち》である。舌は半分切れている。半人前である。私が人に話をするのは足の不自由な廃兵が郵便配達をするようなもので、口の廃兵が喋るのであるから、なかなか広大無辺な喋り方である。

とにかく、心一つで自己の幸福の鍛工者となり得る。どこでも寝ても起きてもこの幸福を鍛錬し、この幸福を取り失わないよう鍛錬するということが我々の最も必要なことである。「心を以て主と為す」であり、「形あり、形なし、故に心気天地の間に充満するときは臨機《りんき》応変《おうへん》、一を以て万に敵す」とこう扱心流の目録に書いてある。すなわち自己というものを自由に扱うことである。これは何かというと、どこへどう変化しても自分というものを取り乱さない。つまり隙間のない自分を持っていることである。

私が柔術の話をするときは、いつもこういう話をする。柔術家が仲仕《なかし》と喧嘩したというのである。柔術家は専門家であるから仲仕の咽喉《のど》をぎゅうぎゅう締めた。仲仕は咽喉を締められて目を白黒していたが、ふと自分の両手が空いていることに気が付いた。そこでその手でいろいろ探ってみると、柔術家の股ぐらで触ったものがある。皺の袋の中に玉が入っている。そいつをぎゅっと締めた。柔術家は上から咽喉を締める、下では大切な袋を締める、上と下の激戦となって、とうとう柔術家が「参った」と言った。これは熊本では柔術家の一つの恥辱として話に残っている。

喧嘩というものに、創造のない、ただ型にはまった喧嘩をしていたら負けである。柔術家が型に囚《とら》われて、股ぐらに隙間があるということは不覚であらねばならぬ。ところが金だけ求めているから他の所がなくなるとか、地位だけ求めているから、地位を求めたときには名誉が台なしになり終わったとか、名誉を求めておったところが、金が空っぽになったとかいうのも、右の話と同じで、とにかく隙間があるということは良くないことである。結局、幸福ということを偏頗《へんぱ》に考えておったならば、本当の幸福ということが分からないわけである。

何が本当の宝か

インド文学に……と言うとおかしいけれども、お経の中に、子供のお伽噺《とぎばなし》のようなものが出ておる。昔、宝を降らす先生があった。「オン、クチャクチャ、ムニャムニャ」と何か呪文を唱えると宝が降ってくる。その先生が一人の弟子を連れて旅へ出た。ところが、五百人の大盗賊に襲われた。先生を人質に取ってから、弟子に「金を作って来い、金を持って来なければ先生を殺してしまうぞ」と嚇《おど》かした。それで弟子は「それでは金を作ってきます」と引き受けて、先生に「私が金を作ってくるまで、どうか辛抱していて下さい。それからまた宝物を降らしてはいけませんぞ、そんなことしたら命にかかわりますから」と、こう言って金を作りに行った。先生は監禁されてしまった。

ところが、宝物を降らすような日はそうザラにはない。ちょうど、ある晩お月さんが輝いて、隈《くま》なく照らしている。ああちょうど宝物を降らすにはよい晩だ、こんな晩は年に何べんとはない、今晩なんか宝物がうんと降るんだが……、この盗賊達も宝物が欲しさにするのだろうから、この際一つ宝物をうんと降らせてやったらおれも助けてもらえるだろう、こんな臭い所に監禁されておってはかなわん、一つ門番に言って宝物を降らせて、ここを逃れるようにしようと考えて、門番を呼んで、「私は実は宝物を降らす術を知っている。宝物を降らしてやるから、一つ私を出していただきたい。すぐ祭壇を設けてその用意をするように親方に言ってくれないか」と言った。そこでそれを親方に伝えると、「それもよかろう」というので、その先生、装束をちゃんと着けて体を清めて、その術をやった。さあそうすると宝物がバラバラバラ降る、もう庭いっぱいに腰を埋めるほど宝が降った。そのたくさんの宝物を掻き集めて山のように積んだ。それから親方が号令をかけて「こ奴はなかなか重宝な奴だ、いつでも宝物を降らせる、こ奴を逃がさないようにしておけ」というので、また牢屋に入れられてしまった。一層今度は厳重な牢屋だ。

それから盗賊どもは、こんなに宝物が手に入ったというので、祝いの大宴会をやった。御馳走をたらふく食べて、酒をいやというほど呑んで、へべれけになって眠ってしまった。

ちょうどそこへ山から新手の五百人の大盗賊が襲って来て、その眠っていた奴を片っ端から斬り殺してしまって、そうして今度は牢屋の中に入っている先生まで斬り殺してしまった。それから一同が宝物の周りに寄りたかって、今度は分配法の議論が始まった。どういうふうにするか、頭数で割れ、いや古参の順序にせよ、いや位階の順序にせよと、それはそれはまたどえらい揉《も》めが起こった。気の早い奴はだんびらを引き抜いた。あちらでもこちらでもチャンチャンバラバラと始まった。それから大変な修羅場と化して、お互いに斬り合って、片っ端から死んでしまった。

ところがその中に一ばん臆病な奴がおって、人の股ぐらへ首を突っ込んでおった。そうして周囲が静かになったものであるから、そーっと蛤《はまぐり》が口を開くように首を上げたところが、向こうの方にも首を上げた奴がおる。「おーい、いるか」「凄《すご》かったな」

「たまらなかったな」「おれら二人は仲良くしようじゃないか」「仲良くしよう」「しかし運はどうして向いて来るか分からない、みんな死んでくれて、親方も死んでしまったから、おれら二人で半分ずつできるんだ」「本当うまくやったな」と、話し合っているうちに気が弛《ゆる》んで、腹が空いてきた。「どうしよう、飯をなんとかしなければならぬ、ジャンケンで決めよう」。それからジャンケンをやって、負けた奴が飯を作りに行く、勝った奴が抜剣で宝物の番をしておった。

人間という奴はおかしなことを考えるもので、そのままずっと行けば何のこともないのだが、それから先を考える。運が向いてよかったと考える。それだけで先を考えなければまだよいが、こういうところでまた智慧を出す。「二人生きていると二分の一にしかならぬ、あいつさえいなければ、みなおれの物になるんだ、ここは一つ智慧を出してやろう」と考えた。おれは幸い弁当を作りに来たんだ。この弁当の中にちょっと毒を盛っておけば、腹が減っているから、奴《やっこ》さん、うまがってパクパクやる、すぐ血を吐いて死ぬ。そうすると全部おれの物になる、と飯の中に毒を仕込んで持って来た。

片方の抜剣している奴も、同じことを考えた。あいつを亡き者にするには、飯を持って来て、ヨイトコショと置いたところを、ズバリとやればわけはない。よし来たというのでグッと構えている。それとは知らず、せっせと坂を上がって来た飯作りをエイッとばかりに斬ってしまった。「もうしめたものである。これでまあ泡を食う必要はない、ゆっくりやろう、酒も持って来たんだな、まずキュッと腹腸《はらわた》へ沁み込むような酒を一杯」と……うまそうにキュウキュウとやった。これはうまいぞと飯をパクパクやった。酒を呑んだから利き目が早い。しばらくすると「あっ痛いたたた」と、とうとう血を吐いて死んでしまった。つまり千人と先生、千一人が死んでしまったわけである。

そこへ金を作りに行った先生の弟子がやって来て、この有様を見た。すっかりみな死んでいる。しかもみな斬り死《じに》をしている。ただ一人傷なしで血を吐いて死んでいる。その弟子は賢いものであるから、その状況が手に取るように見えた。人間の浅ましさがまざまざと見られる。人間というものはこういうわずかの宝物を宝物と思っているのが間違いである。こんな宝物よりもっと値打ちのある宝物があるわけである。人間は金だとか、玉だとか、そんなものを宝物と思うから、こんなことが起こったのだ。それから村の者を呼んで、その宝物をみんな村の人々に分配して、自分はひたすら道を求めるために生きていったというのです。

擾々忽々水裏月《じょうじょうこつこつすいりのつき》

鴨長明《かものちょうめい》は『方丈記』に、世のさまと人の姿のはかない様子を書いていますが、結局、宝物は外側にあるものでなしに、我々の生活の態度に宝物があるのです。お金が宝物でもなければ着物が宝物でもない。東北のあの津波のときに腰に証文をいっぱいくくり付けたまま、息が切れた人があったそうだ。高利貸である。まあ、こいつは閻魔さんの所に行ってからでも取り立てるつもりらしい。ある婦人は厚化粧をしていた。津波が来たので、それから大騒ぎをして奥の間に入って、厚化粧をして着物を着替えて、一張羅《ちょうら》のものを着て指輪をありったけはめて、それでとうとう逃げ遅れて水に浮いて死んでいたそうである。これらはとにかく、宝物を間違えたのである。道元禅師の御歌に、

おろかなる心ひとつの行《ゆく》すえを　六の道とや人のふむらん

とあるのは、六道を輪廻しているということで、朝から晩まで、あるいは餓鬼道に陥《おちい》り、あるいは畜生道に陥り、あるいは修羅道に陥っていることです。常に変わりづめ

に変わっている自己であります。「攘々怱々水裏の月《じょうじょうこっこつすいり》」で動きづめである。その攘々怱々のその時その時が完全である。これが動かぬ絵に書いたようなものであればそれでよいけれども、水裏の月である。水に映った月である。動きづめである。瞬間きりしかない真実であるから、取りそこないがちである。その瞬間が一生の終《しま》いである。その瞬間を取りそこなったら一生お終いである。ちょっとそこに躓《つまず》きがあったら、この澤木さんはそれでお終いである。澤木さんの一言一句がことごとくゼロになってしまう。まったく「攘々怱々水裏の月」である。

よく「先生、こういうような場合はどうしたらよろしゅうございますか」と言って来る。「そういう場合になったら、そういう場合でやるから待ってくれ」「実はそれは昨日のことであります」と言う。昨日は昨日、今日は今日で変化がなければダメだ。今日のことは今日価値があるのである。昨日はうまかったが、今日もうまいとは限らない。今日は酒が出ても酔っぱらわないように努力する。今日は女に好かれても、それにとろけないように用心する。それが攘々怱々水裏の月の戒めである。悪魔という奴は違った顔付きをして、ちょいちょい出て来るわけである。そこでひょろっとなってしまったら、それでお終いである。この扱心流はそいつを毎日警戒するのである。武道家が勝負をするようなもので、午前中はあれでよかったが、午後はあの調子ではいかぬ。実に奇態なものである。

柔道家がよい技《て》を教えて選手を出す。これは金持ちの親が息子に金をやるのと同じだ。息子は腕がないから金ばかり当てにしている。金を使ってしまって、金が無くなると直ぐ泣き顔をする。実に弱虫である。ちょうどそれと同じで、良い技があると、その良い技ばかり当てにしている。

それでその良い技が気になる。ところが相手《あいて》は絶えず変化してくる。そいつがこっちに分からないから、直ぐぎゃふんとやられてしまう。何も技を教えてやらないと、貧乏人の子が腕一本でいくようなもので、これが存外勝つのである。みなとは言わないが存外に勝つ。それは何故かと言うと、そこに創作があるからである。創作がなければ芝居の柔術になってしまう。本当に生きた勝負、生きた生活をして行くには、そんな芝居ではいかぬ。

丘宗潭《おかそうたん》師と大薩《だいさつ》和尚

丘宗潭師が十八のときに大光院の大薩和尚に向かって「石女夜子《せきじよよるこ》を産《う》む、乞《こ》う名《な》を命《めい》ぜよ」と言った。石女が子を産んだから名をつけて下さい。これには定めし困るだろうと思ってそう言った。ところが大薩和尚なかなかそれしきのことに困るような人ではない。「先ず男女を弁じ来たれ」、こう言われたので丘さんもひょろっとなった。そこを「この鈍慢漢《どんまんかん》」とやられた。創造力がないと禅問答も芝居になってしまう。よく小僧のやる問答のように、暗記しておいて「尊意《そんい》々々」「なかなか」とやるような具合で、芝居の台詞《せりふ》になってしまって何の値打ちもないわけである。

山岡鉄舟《やまおかてつしゆう》じゃないけれども「行く先に我が家ありけりかたつむり」で、なにもどこそこに巣を作ると決まったことはない。広島県のなにがしという所に、如念《によねん》という俳人がいる。私の話を聞きに来て非常に喜んでくれた。私より年が上で六十と言っている。この俳人が「行く先の知らぬもゆかし時鳥《ほととぎす》」という句を作った。これは面白い。無限に創作して行かなければならぬ。それを私が感心したところが、如念も非常に喜んで「松島の瑞巌寺の老僧とあなたと二人だけしかこれに感心した者がない」と言っておりましたが、その人の境涯が出来ているかいないか知らんけれども、俳句がよいから私は感心した。

ところが、不思議なことに、何とかいう徳川時代の俳人が、ちょうどこれを真似て作ったような俳句を残している。

なほゆかし声もなく行く時鳥《ほととぎす》

黙って時鳥が飛んで行くという。とにかく自己広告もせずに、本当に自分でもって声もなく行くのには、よほどの宗教的内容がなければ出来ないに決まっている。「なほゆかし声もなく行く時鳥」――要するに、いかなる場合でも、いかなる瞬間でも、最上最高最後の幸福を取り失わない、これがすなわち仏教であり、また悟道である。

大智禅師の詩はいずれも結構であるが、ことに私はあの「因事《いんじ》」の詩は結構だと思っている。これを面山《めんざん》和尚は不祥と註しているから、不祥事のあったときの詩であろう。大智禅師は菊池武時《たけとき》、武重《たけしげ》、武人《たけんど》、武光《たけみつ》の帰依を受けていたが、たぶん菊池家の旗色が悪くなったときの詩であろう。

幸作㆓福田衣下身㆒（幸いに福田衣下《ふくでんえか》の身《み》と作《な》って）
乾坤贏得一閑人（乾坤《けんこん》贏ち得《え》たり一閑人《かんじん》）
有㆑縁即住無㆑縁去（縁《えん》有れば即ち住し縁無ければ去る）
一㆓任清風送㆓白雲㆒（清風《せいふう》の白雲を送るに一任す）

これはよく大智禅師の全体をさらけだして余すところのない微妙な詩である。「おれは幸いに福田衣下の身となる」で、よくも坊さんになったというのである。幸いになんで坊主なんかになったのだろう」と言うのは情けない奴の言い草である。幸いに郵便配達の身となる、幸いに農民の身と生まれる、幸いに教育者の身となる……ということである。古武士は「一合取っても侍《さむらい》じゃ」と言った。幸いに日本男子となった。幸いに東京に住まいをし……なんでもよいのである。今ここに幸いに福田衣下の身となった。「乾坤《けんこん》贏《か》ち得たり一閑人」で、なんでも乾坤贏ち得なければダメである。物に追い回わされて逃げ歩いているような者ではいけない。坊さんでも負け戦さの者と勝ち戦さの者とはどえらい違いである。お寺を持っても檀家に気兼ねして、檀家から監督されているようなのは負け戦さである。檀家中を睨んでいるのでなければダメである。

そこで心機一転、負け戦さから勝ち戦さになるほど、人間の生活が根本から変わらなければ幸いとは言えない。嬶に内緒で一本飲んで……そんな心ではどうもならん。乾坤贏ち得たりは、宇宙を贏ち得たのである。これが天上天下唯我独尊である。自分自身になりきって、自分の生活がどう変化しようが自分を見失わない、自分を取り失わない、どこにも全自己を呈露《ていろ》して行く。これでこそ初めて一切の錯覚、一切の妄想をやめて、どう変化しようとも、たとえ今ここで食わずに死んでも、人間の最上最高最後の幸福を取り失わぬ。そこが「歩々《ほほ》踏着《とうじゃく》す緑水青山《りょくすいせいざん》」で、一歩一歩を踏みしめて、どちらにどう振る舞うてもそこに全自己がある。どちらにどう動いてもその瞬間の完全がある。その一挙手一投足、虚々実々、負けても完全、勝っても完全である。私は武道家に「負けてもこの幸福を失うな、勝ってもこの幸福を失うな」と言う。そこに本当の扱心、本当の修養、本当の武道があるので、私は武道と禅との妙味もここにあると思う。剣術にも「勝つことなしと雖《いえど》も而《しか》も負くることなし」というのがある。これもこの幸福を失わないことであろうと思う。

武道家にせよ、また禅者にせよ、あるいは一般人にせよ、どこへ行っても本当の自己をありっきり活かしてゆくこの幸福は、余人所不見《よにんしょふけん》、他人の知らざるところで宗教的体験であろうと思います。

少欲と知足

八つの仏則

この世の中を「苦の娑婆」だと言う。一体、苦しむということはどこから来るかというと、全部欲からである。だから、世の中のことをまた「欲の娑婆」とも言うている。

法華経の中に「諸《もろもろ》の苦の原因は大欲《だいよく》を以《もっ》て本《もと》となす」とあるが、この大欲が常に我々を禍《わざわ》いするのです。我々はある意味から言うと、欲という悪魔のために踊り回わされているようなものです。

お釈迦様が欲を戒められることは実に至れり尽くせりである。欲にもいろいろあるが、まだもらわぬうちの欲を戒めたのが少欲で、もらってからの欲を戒めたのが知足《ちそく》である。少欲と知足とは人間の欲全体を戒めた掟《おきて》である。

この少欲と知足とは遺教経《ゆいきょうぎょう》というお経に説かれたのだが、遺教経というのは、いわばお釈迦様の遺言と言ってよいものです。四十何年の長い間説法せられて、最後に涅《ね》槃経《はんぎょう》を説かれ、そのまた最後に遺教経を説かれた。「二月十五日夜半の極唱《ごくしょう》、これよりのち、さらに説法ましまさず、つひに般涅槃《はつねはん》しましまします」というわけである。お釈迦様自身でも「これわが最後に教誨《きようけ》するところなり」と仰せられた。

遺教経では仏の内容を八通りに分けて、この八通りの仏則を行なえば、最後の幸福の涅槃に入ることができる。この遺教経の仏則を本当に行ずることが、人間に生まれた最高最大の幸福であるという意味のことをお説きになったものである。八通りの仏則は、世に八大人覚《はちだいにんがく》と言っている。すなわち少欲、知足、寂静《じやくじよう》を楽しむ、勤めて精進する、不妄念《ふもうねん》、禅定《ぜんじよう》を修《しゆ》す、智慧を修《おさ》む、不戯論《ふけろん》の八つで、大人というのは仏のことで、覚というのは仏のさとりを言うのである。つまり、八通りの仏の覚《さと》りということが八大人覚である。昔から、この遺教経は非常に大切なお経とされていて、道元禅師様は、

「このゆえに、如来の弟子は、かならずこれを習学したてまつる、これを修習《しゆじゆう》せず、しらざらんは仏弟子にあらず」

とまで仰せられ、さらに、

「如来の般涅槃《はつねはん》よりさきに涅槃にいり、さきだちて死せるともがらは、この八大人覚をきかず、ならはず。いまわれら見聞《けんもん》したてまつり、習学したてまつる、宿《しゆく》殖善根《じきぜんごん》のちからなり」

と、八大人覚を聞くことのできた喜びを述べられている。

遺教経の話が長くなったが、この八大人覚の初めの二つが少欲と知足である。最初に少欲の功徳についてお話するのであるが、お釈迦様は遺教経の中で、次のようにお説きになった。

「汝等比丘《なんじらびく》、当《まさ》に知るべし、多欲の人は多く利を求むるが故に苦悩も亦《また》多し。少欲の人は求め無く欲無ければ即ち此の患《うれい》なし。直爾《ただち》に少欲なるすら尚《まさ》応に修習すべし、何《いか》に況《いわ》んや少欲の能《よ》く諸《もろもろ》の功徳を生ずるをや。少欲の人は即《すなわ》ち諂曲《てんごく》して以て人の意《こころ》を求むることなし、亦《ま》復《た》諸根《しよこん》の為めに牽《ひ》かれず、少欲を行《ぎよう》ずるものは心即ち坦然《たんねん》として憂畏《うい》する所無し、事《こと》に触れて余《あま》りあり、常に足らざること無し。少欲ある者は即ち涅槃《ねはん》あり、是れを少欲と名《なづ》く」

道元禅師はこれを説明されて、

「彼《か》の未得《みとく》の五欲の法の中に於て、広く追求《ついぐ》せざるを名《なづ》けて少欲となす」

と仰せられたが、五欲を追求しないのが少欲である。

五欲というのは、五欲の枝だとか、五欲の賊だとかよく使っているが、財欲、色欲、食欲、名聞欲、睡眠欲という五つの人間の根強い欲のことです。

欲の追求

未得の欲というのは、まだもらわないのです。これからもらうのです。月給をもらうとすれば、はてな五十円くれるかな、それとも百円かな、それじゃ少し安すぎるぞ、なに二百円ぐらいくれるだろうと、もらわぬさきから、取らぬ狸《たぬき》の皮算用《かわざんよう》をして追求するのです。そしていよいよもらってから、なーんだ、これっぽっちかとバカバカしく思うのです。これは財欲の追求である。

食欲もその通りだ。あの家のことだから、まあ鰻《うなぎ》ぐらいは出すだろうと、こちらで勝手に決めて行ってみる。いよいよ出たのはたくあんにお茶漬けだ。なーんだバカバカしいと失望する。色欲にしても、あの女は好い女だ、女房に欲しいなー、あの男は好い男だ、婿にもらいたいものだなー、などと欲にはまったく際限がない。

私も独身でいるものだから、「お前よく独りでおられるなー」と言われる。だから私は、「独身で辛抱するのも、一人の女房で辛抱するのも、辛抱は同じだよ」と言ってやるんです。

名誉にしても、消防小頭《こがしら》で名誉と思っている者があるかと思えば、代議士になってもまだ満足できない人もいる。村会議員で満足している人があるかと思うと、貴族院議員になってもまだ足らないで金を出して勲章を買って元も子もなくした人がある。局長になって、大臣になって、まだ足りなくてワイロを取って失敗《しくじ》ってしまう者もある。どんなのが名誉か分からない。これまた際限なく追求しているのである。だから道元禅師様の「広く追求《ついぐ》せざるを少欲となす」と言うのは非常に意味の深い言葉である。布施波羅蜜《ふせはらみつ》の精神もこの少欲から出てくるのである。

布施というのは、普通には人に物を施すことだと考えているが、物のないときはどうする。いくら布施をしようと思っても出来ないじゃないか。布施は物を施すことばかりじゃない、心を施すのも立派な布施である。

物乞いに施すもののなき時は　ことばなりとも情《なさ》けあたえよ

物をやれなかったら、親切な言葉をかけてやるだけでも布施の功徳は十分にある。また布施と言えば、こちらからやることだとばかり考えちゃいけない。向こうの物を欲しがらないのも布施である。

向こうの物を欲しがらないというのは少欲でなければ出来ない。だから、ほんとの布施波羅蜜は少欲でないと出来ない。

禅宗の話を聴いていると、五戒だ十戒だとよく戒法の話が出てくる。この戒の中に不偸盗戒《ふちゆうとうかい》というのがある。盗みをしないということだ。少欲の人にはこの偸盗の心が起こらない。欲は薄いのだが盗んでしまったなんていうことはありっこない。欲の皮が突っ張っているからこそ盗むのである。

金持ちの爺さんが亡くなった。遺産を相続する子供がない。たくさんの金が宙に迷った。すると新潟の方から、私がその息子ですと名乗ってわざわざ東京へ出て来た者がいた。上海《シャンハイ》の方から来たという男もいた。船で来たか、汽車で来たかと出し抜けに聞かれて、返事につまって化《ばけ》の皮《かわ》があらわれた。欲がないのだが、そんな悪心を起こしたとは言えない。濡《ぬ》れ手で粟《あわ》の摑《つか》み取り、嘘で固めて、金をもらって遊蕩費《ゆうとうひ》でも儲《もう》けよう、働かずに一生寝て暮らそうというのであろう。欲が深すぎるから偸盗の心も起こるのである。

形のあるものでも、形のないものでも、人が見ておろうが、おるまいが、たとえ山の中でも盗みはせぬ、ここが不偸盗戒です。私も一度、山の中で落ちている財布を蹴った覚えがある。山の中でも財布を蹴らんというのが宗教の本髄です。

あの人は欲が薄いけれども妾《めかけ》を三人持っている。あの女は欲はないけれども若い男と駆け落ちした。そんなこともないはずだ。みな五欲の中の何かが深すぎて、そんなことになるのです。たとえ山の中でも、他所《よそ》の女に横目を使わん。これが不邪淫戒《ふじゃいんかい》です。この心持ちはどこから来るかと言えば、みな少欲です。それだから、少欲は一切戒法の根本だと言えるのです。

また、金を犠牲にし、女を踏み台にして名誉を取ろうとする者もある。財欲、色欲は薄いが名誉欲が強いのである。名も金も捨てて、好きな女と一緒になる者がある。名も恋も捨てて、金さえ見れば目がないという奴がある。なるほど一方には非常に少欲らしく見えるが、一方では二倍も三倍もの大欲をもっているのである。人間は五欲そろって満足したいのであろうが、そうは問屋が卸《おろ》してくれないから一方に傾くのでもあろうが、この一方に傾くというのも少欲でない証拠です。

少欲というのは、単に我々の追求する欲望を薄くするというばかりでなく、我々の人格に、どことなく落ち着きが出てくるのです。欲しい欲しいと思ってわくわくしないから落ち着くのである。お布施は幾ら包んだかな、月給はどのくらいくれるかな、原稿料を幾らぐらい出すかな、お礼を幾ら持って来たかなと、もらわぬうちから、わくわくしていたのでは、どうしたって落ち着きっこはない。

そこで少欲の人は、どっしりして腹がすわってくる。腹がすわれば度胸がすわる。勇気が出てくる。欲の深い者に本当の勇気のあろうはずがない。

青年に、お前これから吉原を通りぬけてその向こうの方へ用足しに行って来いと言うと、ちょっと行きにくいですなーと言う。何が行きにくいのだ。百メートル競争の時、用意！　ドン！　で一斉に駆け出し、トットと還って来るじゃないか。それを欲があってノラリクラリ歩いているから、白粉《おしろい》のついた顔がチラチラしたり、チョイト、チョイトと言われてフラフラしたりするんじゃ。誘惑が多くて行かれぬと言うが、誘惑には誰が引っかかるんじゃ。自分の欲じゃないか。それさえなければ山の中を行くのと同じことだ。

お釈迦様に阿難《あなん》という美男のお弟子がいた。そのころ阿難さんと一緒になりたいという娘さんがいた。もし阿難さんが聴いてくれなければ、娘のお母さんが魔法使いだから、魔法をもって承知させる、ということになった。驚いた阿難さん、早速お釈迦様に伺ったところが、「いや心配はない、執着のない者には魔法はかからないから安心しなさい」と言われた。欲のない者は魔法にも誘惑にもかからない。

天国行きの修行

釈尊の御一生もまた少欲の御生涯である。行者などが、いろいろ難行苦行しているが、その人達に「お前さん達そんな苦行をしてどうなさる」と尋ねると、「天国に生まれるためだ」と答える。未来に楽をするために現世で苦行をするというのだが、一体、天国に生まれてどうするか。お釈迦様も、いろいろな苦行はなさったが、苦行の中からお悟りを開かれたのじゃない。だから、天国々々と天国にばかり行きたがる輩のために「天人の五衰」ということをお示しになって戒めておられる。

天人のまさに死せんとする時は、五種の衰相を現わすという。天人でも命の終わらんとする時は、着物が垢《あか》や膩《あぶら》で汚れたり、頭の上の華鬘《けまん》が萎《しお》れたり、体が臭くなったり、両腋から汚い物が出たりするのであって、天国だと言っても、そんなに楽しい所じゃないというのである。そんな天国に生まれてどうするのか。来世で楽しようと思って現世で苦労する。来世は果たして楽かというと、それも分からない。案外苦しいかも知れない。

現世でも、会いたいと思う人にはなかなか会われず、会いたくないと思う憎い奴にはチョイチョイ会う。肥った人は肥った人で困り、痩せた者は痩せた者で困っている。みなお互い、それ相当に苦しんでいる。どこまで行っても、もうこれでよろしいという時はない。一体どこまで追いかければ満足するのか、欲と駆けっこである。これが追求、すなわち多欲である。「多欲の人は多く利を求むるが故に苦悩も亦《また》多し」とは、ここのことである。

お釈迦様のお弟子に難陀《なんだ》尊者という人がいる。この人の出家の動機がとても面白い。難陀尊者という人は孫陀利《そんだり》姫《ひめ》という美しい姫と夫婦で、若い二人は毎日歯の浮くような生活をやっておった。そしてある日のこと、尊者が若妻の眉墨《まゆずみ》を引いてやっておった。これも日課の一つになっていたんです。すると表に仏様が托鉢に来られた。尊者は舌打ちしながら立って布施米を持って表に行こうとすると、若妻が何か気になったと見えて、袖を引いて止めようとした。しかし尊者は、

「なに、心配することはない。お前の眉墨の乾かぬうちに戻って来るよ……」

と言って表に行った。見ると仏様が見えない。向こうを見ると、もうあちらに歩いて行かれる後ろ姿が見える。

「チェッ、眉が乾いてしまうがな」

と思いながらも後ろを追って行った。すると仏様を追って行くのが何のことはない自分の影を追っているようなもので、フワフワしておって、ちょっとも追い付けない。とうとうお寺まで来てしまった。見るとそこに仏様がいらっしゃったので、布施米を渡そうとすると、仏様が、

「お前は出家するのかや」

とおっしゃる。それを聞くと尊者は思わず、

「ははー」

と言って頭が下がってしまった。すると仏様は傍《そば》の弟子に、

「難陀が出家するそうな、剃髪《ていはつ》してやんなさい」

と言われたので、とうとう尊者は頭を剃《そ》られてしまった。

「おやおや、とうとう頭を剃られてしまった。仕方がない、明日にでもなったら暇を見て逃げて帰ろう。しかし孫陀利は驚くだろうな、まさか青坊主になったからとて愛想をつかしはすまい」

翌日、仏様の托鉢に出かけられた後で、いよいよ逃げ帰ろうと思ったが、表から行って、仏様に会うといけない、そうだそうだ裏から行こう、裏から行けば会うまい、

と思って、裏道から逃げた。すると折悪しく仏様は裏道から帰って来られた。これは大変だ、というので急いで傍の木の蔭に隠れた。ところがあいにく風が吹いてきて衣が木の外に出たものだから、とうとう仏様に見つかってしまった。仏様は、静かに、

「難陀、どこへ行く」

「はい、実は孫陀利が待っておりますので家に帰ろうかと思いまして……」

「孫陀利はそんなに美人か」

「ええ、ええ、もうとても美人で、天竺《てんじく》一の美人でございます」

ちょうどその時、向こうから一匹の牝猿がやって来た。それを御覧になると仏様の言われるには、

「孫陀利とあの猿とどっちが美人か」

「あんな婆猿と孫陀利と比べものになるものですか」

「お前、天上界を見たことがあるか」

「いいえ見たことはございません」

「そうか、では見せてやろう、それ」

と言ったかと思うと、仏様は自分の衣の袖を難陀の頭に被《かぶ》せた。

「どうじゃ見えるだろう」

見ると驚いた。大勢の男女が美しく着飾って二人ずつ組み、音楽に合わせて踊り楽しんでいる。尊者は陶然《とうぜん》として酔えるがごとくに見とれている。するとその大勢の男女から離れてたった一人、美しい美しい姫様がぽつんとしている。それで不思議に思って仏様に聞いてみた。

「あんな美しい方が、たった一人でいるのはどうしたのでしょうか」

「お前行って聞いてこい」

と言われたので、わざわざ聞きに行った。

「今日は。お嬢さん、一体、皆さんが楽しそうに踊っているのに貴女一人ぽつんとして何をしていらっしゃるんですか」

するとその姫の曰《いわ》く、

「今この地上にお釈迦様のお弟子になって修行している方がおります。その方は修行が済むと天国に生まれることになっております。そして私のお婿さんになることになっておりますので、私はその方の来るのを待っているんです」

さあ、それを聞いて尊者はすっかり喜び、それはおれに違いないと独り合点をして、それからは大いに勉強して、いつの間にか孫陀利のことなんか忘れてしまった。しかし不思議なことに他のお弟子達が誰も尊者を友達にしてくれない。不思議に思って、あるとき相弟子の阿難に聞いてみた。すると阿難の曰く、

「お前は欲のために修行をしている、おれ達は解脱のために修行している、だから友達になれないのだよ」

「しかし、おれだって仏さんの言う通りのことをしているじゃないか」

「そんなら仏さんに問うてみい」

と言うので、仏様の前に出て、

「実は、私は仏さんのおっしゃる通りのことをしているのに誰も相手にしてくれません。不思議に思って阿難に尋ねたところが『君は欲のために修行している、おれ達は解脱のためにしている』と言いました。私にはその意味がどうも分かりません」

「お前、地獄を見たことがあるか？　ない、……うんそうか、では見せてやろう、それ」

と言うと、また先と同じように衣の袖を頭から被せられた。すると見える見える、針の山、剣の林、血の池、舌を引き抜かれているところや、石臼《うす》で人をひいているとこ

ろも見える。その中で一カ所だけ、大きな釜が据えてあって、一匹の鬼が中に水を入れて盛んに火を焚《た》いている。釜の中には何も入っておらないので不思議に思って、

「あすこに、からの釜がありますが、一体あれは何をするものですか」

と仏様に聞いてみた。すると、お前行って聞いてこいと言われたので、鬼の所へ行って何をするのかと聞いてみた。すると鬼は、

「これか、これはな、今お釈迦さんの弟子で、難陀尊者という奴がいる。そいつは天国に生まれて美人の婿になろうと思って、欲のために修行している。そ奴は来世天国に生まれると思っているらしいが、実はここに来ることになっているんさ。それで、そ奴が来たらこれで煮てやろうと思って今から釜の中で湯を沸かしているんさ、ワハハ……」

さあ、これを聞いて尊者は真っ青になってしまった。それからはまったく解脱のために修行し、天女のことも何もかも忘れて修行したので、ついに解脱して阿羅漢果《あらかんか》を得た。

欲と交換のためにする修行は何もならぬ。それは修行ではなくて、やはり欲である。解脱ということは少欲です。結局、少欲ということは、欲しがらぬ、惜しがらぬとい

う腹の据《すわ》りです。

不平の本

次は知足であるが、これは已得《いとく》の五欲のうえで言うことだから、お金ならば、もらってから、「なーんだこれっぽちか」などと言わぬことである。すなわち足ることを知ることである。安心というものは、足ることを知らねば出来ることじゃない。誰でも、幾らもらえばそれでたくさんだとは言わない。もっと欲しい欲しいで血眼《ちまなこ》になっている。ところが遣《や》る方には限りがあるが、もらう方には限りがない。それを戒められたのだ。

「汝等比丘《なんじらびく》、若《も》し諸《もろもろ》の苦悩を脱せんと欲せば当《まさ》に知足《ちそく》を観ずべし。知足の法は即ち是れ富楽安穏《ふらくあんのん》の処《ところ》なり。知足の人は地上に臥《ふ》すと雖《いえど》も猶《なお》安楽なりとす。不知足の者は天堂《てんどう》に処《しょ》すと雖も亦意《こころ》に称《かな》わず。不知足の者は富めりと雖も而《しか》も貧《まず》し、知足の人は貧しと雖も而も富めり。不知足の者は常に五欲の為めに牽《ひ》かれて、知足の者の為に憐愍《れんみん》せらる。是れを知足と名《な》づく」

読んだだけでもよく分かるが、仏教では、「足ることを知る者は常に富む」ということをよく教える。足ることを知るということは『老子』の中にも出ている。

芥川龍之介の書いた『鼻』という小説の中に、鼻が大きくて苦労した話があった。すでに親の産んでくれた鼻に対して、不平を言い苦労をするなんていうのは無駄な話です。私は、こんな大きな、特徴のある顔に産んでくれたことを親に感謝しております。別にこれで不足を感じたことはない。今更、おれの顔はこんなに大きい、大変に不便だと言ってみたって始まらない。不足ということは、言った方も、言われた方も気持ちが悪い。自ら足れりとするところに安心がある。一般の生活においても、落ち着きのあるのは心に安心のある証拠です。

私が十か十一のときだったと思うが、隣りの家で字を教えてもらった。

我々の子供の時分には、制服、制帽はもちろん、徽章などなかった。それで中学時代には、徽章の代わりにこんな字（〓）を麦藁帽《むぎわらぼう》のひたいの所に書いて通ったものである。この字を「唯吾足《ただわれた》るを知《し》る」と読むのだが、今でもこの気持ちです。足ることを知っているから盗人にもならない。

「足ることを知る者は利《り》を以《もっ》て累《わざわい》せず」と昔の人も言っているが、身のほどもわきまえずに、ああもしたい、こうもしたい、あれも欲しい、これも欲しいで身を破ってしまう。金というやつは、見ないうちはそうでもないが、押しつけられると欲しくなるのが人情で、「利は智をも昏《くら》からしむ」と言う通り、つい取ってはならぬものを取ったり、ごまかしたりするようになる。金が仇《かたき》の世の中じゃと言うが、これで身を滅ぼす者もたくさんある。ところが、

世の中は金《かね》と女《おんな》が仇《かたき》なり　どうぞ仇にめぐりあいたい

と言うのだから始末が悪い。

また「足ることを知る者は不祥に勝る」と言うて、足ることを知る者には縁起《えんぎ》の悪いということがない。私も今までに縁起の悪いことに出会ったことがない。親の死んだのさえも縁起がよいと思っている。この顔の恰好《かっこう》もなかなか縁起がよいと思っている。

不足を言う者にかかると、何にでも不足がある。自分の顔の恰好が不足で親に不足を言い、貧乏なくらしに生まれたからと親に不足を言う。私の知り合いにも現に、「親がこんな悪い顔に産んでくれて……」と不足を言ってる娘さんがいる。不足を言えば限りがない。不平は天下に充満しているのである。金が唸《うな》るほどあって、女中を何人でも使って、栄螺《さざえ》のように一日中、門から外にも出ないで、うまいものをたらふ

く食って横倒しに寝ておって、それでもまだ不足を言うている。「不知足の者は天堂《てんどう》に処《しょ》すと雖も亦意《こころ》に称《かな》わず」で、年中ブツブツ言っている。

越後の良寛和尚は、自分の住んでいる所を五合庵《ごごうあん》と言った。毎日托鉢して五合になれば帰って坐禅していた。

あるとき藩主が、良寛和尚を召し出そうと思って使いをやった。ところがちょうど托鉢に出て留守だったから、使いの者が庭掃除をしながら待っていた。帰った良寛和尚、綺麗になった庭を見て喜ぶかと思いのほか、余計なことをしてくれたと言わぬばかりの不機嫌な顔をして、「これじゃ、虫が来て鳴かないだろう」とつぶやいた。もっとも良寛和尚の庭のことだから、定めし草茫々《ぼうぼう》だったろう。五合庵の床の下に筍《たけのこ》が生《は》えて、伸びられないのを見て、床の板を剝《は》がしたということだ。

さて、使いの者が殿様の思召《おぼしめ》しを伝えると、良寛和尚の答えは至って簡単明瞭だ。

焚《た》く程《ほど》は風がもて来る落葉かな

そしてせっかくの召し出しを断ったという。この良寛和尚、至って粗末な風《ふう》をして、いつもの通り托鉢に出た。あいにく、昨夜、泥棒が入ったと言って大騒ぎをしているところへ通りかかって、良寛和尚すっかり泥棒と間違われて袋叩《ふくろだた》きにされたんです。

ちょうどそこへ、顔を知ってる村の人が通り合わせ、「あんた方は何をなさる。もったいない、この方は良寛様ですぞ」ということになって、みなの者も平謝《ひらあやま》りに謝った。村の人は「良寛様、なぜあなたは、私は盗人じゃないぞ、良寛だとおっしゃらなかった」と訊くと、良寛和尚は、いつものようににこにこして、「何事《なにごと》も因縁《いんねん》じゃからのう」と澄ましたものである。

安心とは足ることを知る日暮らしである。あべこべに、足ることを知らぬ日暮らしが煩悶である。いくらあってもまだ欲しいと餓鬼のような根性でいるものを「不知足の者は富めりと雖《いえど》も貧し」と戒められたのである。

乞食桃水

世に乞食桃水《こじきとうすい》と言われる和尚があった。お寺も持ったし、境涯も立派な人であったが、跡をくらまして、乞食の群に入り、ほとんど三十余年間、あちらこちら歩いた。まあ一生涯乞食で通したというので乞食桃水というのだが、ある時の詩に、

如是生涯如是寛　（如是《にょぜ》の生涯《しょうがい》如是寛《かん》なり）
弊衣破椀也閑々　（弊衣《へいい》破椀《はわん》也《ま》た閑々《かんかん》）

飢餐渇飲只吾識（飢《う》えては餐《さん》し渇《かつ》しては飲む只吾《ただわ》れ識《し》らんや）

世上是非総不レ干（世上《せじょう》の是非《ぜひ》は総《すべ》て干《かん》せず）

というのであるが、よくその面目を表わしている。

乞食というものは至極のんびりしたものです。盗人に入られる気遣いはなし、盆暮《ぼんくれ》の心配もない。まったく飢えては食し渇しては飲む、ただ吾れ識《し》らんや。世上の是非は総て関せずである。私も、飯は向こうにあり、口はこっちにありと思っている。だから、如是の生涯如是寛なりで、少しも引っかかりがない。弊衣破椀もまた閑々で、このくらいのんきなことはない。

桃水和尚が肥前の島原にいた頃、時の城主高力左近太夫《こうりきさこんだゆう》が、これに帰依して禅林寺にお迎えした。五年ばかり経って、冬の結制《けっせい》が終わった日、飄然《ひょうぜん》として禅林寺を出てしまった。徳を慕って跡《あと》を追う坊さんもあり、城主高力侯も諸所の渡場《わたしば》に見張りをつけて、その行方《ゆくえ》を探したが、まったく分からなかった。この大騒ぎの中を桃水和尚は、その生家が筑後の柳川だから、悠々と両親の墓参にまわり、やがて舟で大坂に出てしまった。

桃水和尚の弟子で琛洲《たんしゅう》と智伝《ちでん》の二人は、平常《へいぜい》から和尚の洒脱《しゃだつ》な心持ちを知っているので、その跡を慕って手分けで毎日探しまわった。

やっとのことで、京都の清水寺の下で、乞食の仲間に入って楽しそうに話したり笑ったりしている師匠を探しあてた。

髪の毛も顎髯《あごひげ》も伸び放題、肩にはわずかに襤褸《ぼろ》を引っかけ、背中には薦《こも》を背負っている。右の手には破れ椀《わん》を持って、左手には破れた袋をぶら下げている。

変わりはてた師匠の姿を見て、さすがの琛洲も涙を流したが、桃水和尚は平気なものだ。

「小僧、何しに来た、早く帰れ、この世では話はせんぞ」

そうして東山の方へスタスタと歩いて行くので、琛洲は後ろからついて行って、途々《みちみち》、

「命がけで来たんです。ここで死んでも離れはしません、どうぞ、そばに置いて下さい」

と頼んだが、桃水は見向きもしないで、

「御無用、御無用」

と急いで行ってしまう。琛洲も急いでついて行った。すると山の中に入ってからやっ

と振り向いて、

「小僧、貴様は無用だと言うに分からぬか。わしとお前とでは境涯が違うんじゃ。ついて来ては相成《あいな》らんぞ。無理について来ても、しまいには嫌になって、貴様の方から身を引くに決まっている」

琛洲も一生懸命で、命にかけても別れないと言うて泣くものだから、桃水も弱って、

「それなら、ついて来てみい。ものの十日と一緒におられまい。さあ袈裟袋をこれへ出せ」

道具をみんな取り上げ、道傍の乞食の家へ投げ込んで、その代わりに薦《こも》を背負わせて、大津から坂本に出て、林の中の古祠《ふるやしろ》で薦を敷いて、一晩、師弟一緒に明かしたのである。琛洲の四方山《よもやま》の話を桃水はただ黙って聞いていたが、やがて独りでつぶやくように吟《ぎん》じたのが、「如是《にょぜ》の生涯如是寛《しょうがいにょぜかん》なり」の詩である。

その翌くる日、二人は坂本の街を乞食して堅田《かただ》の方に行こうとすると、道端に年老いた乞食が死んでいる。

「お前あの小屋に行って鍬《くわ》を借りて来い」

「どうなさるんです」

「わしの仲間が死んでいるから埋めてやるんだ」

桃水は自分で穴を掘って埋めてやると、そばで琛洲が思わず、

「気の毒なことだ」

とつぶやいた。

これを聞きとがめた桃水和尚、

「なんでこの死人ばかりが不愍《ふびん》なのじゃ。上は将軍より乞食に至るまで、生まれる時には米一粒も糸一本も持って来はせぬ。死ぬ時も裸で飢え死ぬのが当たり前じゃ。たとえ百万石の米を貯えても、時節が来れば粥《かゆ》一粒も喉に通らん。庫《くら》一杯に衣裳を積んでも、最後は経帷子《きようかたびら》一枚でおさらばじゃ。将軍だ大名だ金持ちだと言って、別に変わった死にようもあるまい。ここに気がつかぬようなことでどうなる」

ちょうど死人の枕許に、食い残した雑炊《ぞうすい》があったのを、さもうまそうに半分平らげて、

「お前にもやろう」

と差し出された。琛洲も仕方がない、目をつぶって一口二口のみ込んだが、さあ喉につかえて通らない。桃水これを見て、

「嫌か嫌か、どれこっちへ渡せ」

と、手に取るより早くペロリと食べてしまった。

探洲は、しばらくすると真っ青になってしまった。そうして、やがて食べた雑炊をみんな吐き出してしまった。

「それだから言わぬことじゃない。十日はおろか一日だって辛抱できまい。昨日預けた袈裟をとって、早く智伝を探して帰り、こんどこそ二《に》の足《あし》ふまぬ修行をするのじゃぞ」

と訓戒せられたというのである。

お釈迦様の「知足の人は地上に臥すと雖もなお安楽なりとす」というのはここである。まったく弊衣破椀《へいいはわん》也た閑々《かんかん》である。

汝自身を求めよ

足ることを知るということは、前後を裁断してそれになりきるということである。

花は全花《ぜんはな》、実は全実《ぜんみ》ということである。花は実を結ぶための花ではなく、花の時は花の全花である。実は花の終わりではなく、実の時は実の全実である。

月給のために仕事をするのじゃない。仕事の時は全仕事で、仕事になりきること、仕事のための仕事である。そうすれば、こんなに働いたのに、こんな月給じゃバカらしいという不平の起こるはずもない。勉強も修行も、勉強の三昧、修行の三昧である。試験のための勉強、就職のための勉強でない。天国行きや悟りのための修行ではない。仏教は未来のことや過去のことを言っているんじゃない。過去は盗人だったから今、正直者になれぬというのじゃない。現在を見つめるのです。現在の心持ちを尊ぶのです。そこに不変の大生命があるのです。

仏様が苦行をしたというのは自己になりきるためにした苦行です。未来に楽をしようなどと思ってなさったことではない。まずこの自己というものに、しっくりなりきることです。

仏があるとき坐禅してござった。ちょうどその時、隣りに三十人ばかりいる村があって、みな細君と一緒に住んでいた。その中に細君のない者が一人いたが、どこから か怪しげな女を一人連れ込んで、細君ということにしていた。

ところがその女が、悪漢と謀《しめ》し合わせて、財産を盗んで逃げ出した。さあ驚いたのはその男だ。早速、村の者に訴えたからたまらない。三十人の村の者達が、手に手に棍棒を持って、それ行けと言うのでワイワイ追っかけた。

だんだん林の中へ入って行ったところが、そこには仏様が頑《がん》として坐禅してござった。するとその中の一人が、

「もしもし、ちょっとお尋ねいたしますが、ただ今、男が女を伴《つ》れて、荷物を持って逃げて行きはしませんでしたろうか」

と尋ねた。ところが仏様は、

「汝らよ、一人の逃げた女を求めんよりは汝自身を求めよ」

とおっしゃって、それからとっちめて、その汝自身を求めよということで説法されたそうだ。

いつも言うように、坐禅というものは自己に親しむものである。仏教を習うということは難しいと言うが、それは自己を知ることが難しいからだ。禅を憶えるぐらいのことは楽なものである。自分は一体何だ、自分はどうなっているかということが、なかなか分からないのである。これが分かるには、どうしても修行が要る。自己に親しむために坐禅が要るのだ。

涅槃経というお経の中に「生《しょう》をも滅《めつ》をも滅し已《おわ》って寂滅《じゃくめつ》を以《もっ》て楽《らく》となす」とありま

すが、生をも滅をも滅しおわるところ、追っかけるのも逃げるのも二つながら滅しおわって、そこに寂滅最後の安楽ということがある。それをただ観念のうえだけで考えているのだから難しい。

風外《ふうがい》和尚の道場に、典座《てんぞ》という炊事《すいじ》係の役で徹堂《てつどう》という坊さんがいた。なにせ、三十人、五十人、百人分もの味噌汁の味や、お菜《かず》を指図する役目だが、あるとき風外和尚のところに出した椀《わん》の中に、変な物が入っている。風外和尚よくよく見ると、蛇の頭だ。カンカンになって怒って「徹堂を呼べ」と怒鳴った。

どこの禅宗の和尚もみな怖い顔をしているが、この風外もまた人に劣らぬ怖い顔つきをしている。徹堂が恐る恐る出て行くと、お椀の中からチョイと挟《はさ》んで出したのが例の蛇の頭だ。

「これは何じゃ」

手に受けて見ると、これは驚いた蛇の頭だ。どこをどう入ったものか、徹堂も今更どうしようもない。

「ハイ、これは芋《いも》です」

と言うなりパクッと口の中へ入れてしまった。蛇だと言えば自分の役目が相済まぬ。

責任が果たせない。風外和尚の方でも、来たら怒鳴《どな》りつけてやろうと待ち構えている。ところが「芋です」と言ってパクッとやられてしまったのだから、怒るわけにもゆかない。黙って食事をしてしまった。ここに典座《てんぞ》の役になりきった徹堂和尚の面目《めんもく》がある。仕事になりきる。自己になりきる。このなりきるところに知足がある。

この自己になりきる人にして始めて、即処是道場《そくしょこれどうじょう》の活《い》きたはたらきができるのである。

回光返照

自分を叱る

回光返照《えこうへんしょう》の回光をよく回向《えこう》とも書きますし、また回向するという言葉もよく使っている。回向するということは大変よいことです。私のもらうボーナスをあなたに回向する。子供や妻君には直ぐ回向するが、それを仇に回向するとなると、よいことではあるが、なかなか出来にくい。

私の話を聴きに来る人で、よう夫婦喧嘩をする人がある。婿《むこ》さんは、私の話を聴いた知識で、直ぐ奥さんの足元を見る。「貴様なっておりゃせんぞ。この間、『典座教《てんぞきょう》訓《くん》』で、禅寺の賄《まかな》いというものを聴いたが……」という具合に、大変えらそうなことを言う。『典座教訓』というのは、道元禅師が、典座という台所の長《ちょう》に示された台所心得である。

また、ある婆さんが爺さんに向かって、「あんた、そんな坊さんの話を聴きに行くのはやめなさい。聴いて来るたびに、だんだん難しゅうなる。このうえ難しゅうなったら、私はとてもあんたに従《つ》いていることはできませぬ。いい加減、年寄りのくせに、優しゅうならぬと困ります」とこう言う。

それはみな、私の話を聴いた知識で世の中の方ばかり見て、少しも回光返照しないからです。反省しないからです。ちょうど評論家というのがそうです。自分のことは放っておいて、向こうのことばかり言っている。一体にインテリというのはこの癖《くせ》があって、他人のことは、あいつあんなことをしている、こんなことをしていると、向こうのことばっかりよう見えるが、自分のことは、まるっきり抜きにしている。

ある相撲取りが「どこそこで、ドスンと投げ飛ばして泥をねぶらしてやった。あそこでもこうして負かしてやった」と勝った話ばかりするので、「そんならあんたは負けたことはないか」と言うたら、「おれの負けたことは、向こうで言うているわい」と言ったという話がある。

とにかく、評論家とか著述家というものは、だいたい、こういう手合いが多いような気がする。ちょっと自分の方のことも材料に交ぜて書いたら面白いが、自分のことは書かずに人のことばかり書く。人のことだけは実によく分かるんです。

人間はみなそうです。私などもそうですが、兵隊に行ったときでも「気をつけぇ――」とやって、並んだ兵隊を見ていると何番後ろへ、何番前へ、前列何番右足前へ、左足後ろへ、踵《かかと》を引いて、爪先《つまさ》き揃えて……こんなことまでよう分かる。さてそれで自分のことになると、坐禅をしていても、どこが歪《ゆが》んでいるのか、ちょっとも分からぬ。

これも私の所によく話を聴きに来る奥さんだが、どうも婿さんの足元ばかり見る。「家の主人は野狐禅《やこぜん》でしてね……」なんて言う。すると主人が怒って、「女だてらに坊主の所で坐禅みたいなことをしよって、提唱《ていしょう》たら聴いて来て主人を小バカにする。貴様、わしの棚卸《たなおろ》しをする気かっ」と言う。

この奥さんもまた回光返照を知らぬからです。私はいつも自分で自分を叱るのです。叱るというと変に聞こえますが、つまり自分を見ることです。回光返照するのです。自分さえ見ればよいのです。

酔いどれの親父が、酒を飲みながら、巻き舌で「貴様は、酒を飲むなよ」、そんなことを子供に言うて聞かせても誰も聞きません。「おれも大人になったらやってやろう」と思うだけだ。私も子供の時分に、ある老僧が「ちょっと来い」と言うから行ってみると、酒を飲みながら、こっちが真面目《まじめ》に聞いているのに勝手なことばかり言っている。私は心の中では「何を吐《ぬ》かすか、飯食わしてもらっていなかったら、お前らの言うこと聞いとるかい」という気になったことがある。

西田幾多郎博士の文章に「主観を客観に見る」ということがあります。自分を客観に置いて見るのです。鏡を立てて置いて、それに自分を映して見るようなものです。鏡に映った自分の顔をよくのぞくと、俺の顔は泣き面じゃ、額には深い皺《しわ》があるわい、その皺は彫刻みたいに深いわい、目尻《めじり》が下がっているぞ、眉毛《まゆげ》は大きいわい、というようにちゃんと自分に分かる。ところが自分を客観に置いて見ないとこれが分からない。つまり主観を客観に置いて見ると、この主観が客観であるし、この客観が主観なのである。自分の他に、主観も客観もあるのではない。

人の顔を見て、憎らしい顔をしよるなと思うことがあるが、よく考えてみると、その憎らしい顔に見える前に、自分の感じの方が先に憎らしくなっているのである。

「あんちくしょう、バカにしやがる」と、こちらでこう思っているから、向こうでも、こっちを憎んでいるのである。こちらの感じは、よう向こうに反射するものです。

私は継子《ままこ》育《そだ》ちであったから、叱られると飼《こ》うてある猫をよくどづいてやったが、猫でもこれは分かると見える。あいつが来たらどやされると思うから、私が行くと猫のやつ直ぐにポンと逃げよった。猫でもピンとくるんですからね。まして人間にはなおピンときます。こちらで憎んでいると向こうでも憎んでいる。この憎い憎いと思うている者同士が隣り合って、両方から難攻不落の城壁を築いて対陣しているのですから、ちょっとも人間と人間がピッタリこない。

大好きで大嫌い

そこで、どういう方法によって、我々は主観を客観化することができるか。本当の自分というものは、どうしたら見られるか。さらにどうしたら本当の客観というものが見られるかと工夫してみる。本当の主観が見えた時は、本当の客観が見えるのである。また本当の客観が見える時は、本当の主観が見えたのである。そこに悉有仏性《しつうぶつしょう》というものの仏性が現われ、諸法実相というものの実相が現われるのである。他から別に何も来たのではない。仏性も実相も、主観も客観も、同じフィルムの一幕である。石頭大師《せきとう》に、草庵《そうあん》の歌《うた》というのがある。その中に「庵小《あんしょう》なりと雖《いえど》も法界《ほっかい》を含《ふく》む」という句がある。この庵は草葺《ぶ》きの家じゃない。我々の主観を指しているのです。どれだけ小さい主観でも、ありとあらゆる客観がその内容になって、向こうの何でも映るというのです。しかし主観の外に客観はないのですから、その主観を本当に映す法があるならば、これが我々にとって一ばん大事なものである。ここが回光返照ということです。

ところが、学者なんていう者は、えらい言葉が好きです。悟りという言葉は好きであっても、悟りそのものは嫌いなんです。ある人が「道元禅師は大好きで大嫌いだ」と言った。道元禅師を向こうに置いて眺めることは好きです。しかし道元禅師通りにやれと言われたら、そんなことは大嫌いだと言うのです。「世俗の黄塵《こうじん》飛んで到らず」と言えば、そんな所はいいですなあと言う。それならば、飯のお菜《かず》もなければビールもないというような、本当に世離れした世界に行けと言われると、そんな所は真《ま》っ平御免《ぴらごめん》だということになる。

また坐禅も大好きで大嫌いである。人に坐禅さすのは大好きだけれども、自分でするのは大嫌いで、そんな足の痛いことはどもならんと言う。あすこの和尚は毎朝二時間ずつ坐ると言えば、それは感心だと言う。感心することだけが大好きです。自分で坐れと言われたら「ウへー、真っ平御免」と言う。これを「坐禅が大好きで大嫌い」と言うのです。すなわち言葉を愛することが好きで実際に行なうことが嫌いなのです。乞食桃水の本を読めば、気持ちがよいとか、清涼剤だとか言うが、これも桃水を向こうに見ているからよいので、自分で桃水のやったようにやってみろと言われると、そんな乞食の食い残りを食うのはかなわんと言うに違いない。これを「大好きで大嫌い」と言うのです。とかく人間というやつは、言葉にばかり引っかかって、回光返照ということがごく少ないのです。

柳澤里恭《りきょう》の随筆に、学者を皮肉ったのがある。ある学者が「なんでも堪忍《かんにん》の二字が大事だぞよ」と言うた。すると村の若い者が聴いておって、「か――ん――に――ん――、なるほど、かんにんの四字が大事でございますな」と言った。字というたら村の若い者は仮名より他は知らぬ。

学者は漢字で「堪忍」の二字が大事だと言う。そして二字と四字のところに非常に力を入れる。「いやそうじゃない、堪忍というのは、たえしのぶと言うてな、二字じゃぞ」「ちょっと待って下さい、た――え――し――の――ぶ――、たえしのぶの五字が大事でございますか」「いやそうじゃない、たえしのぶと言うても、かんにんと言うても二字じゃぞ」「たえしのぶというのは五字で、かんにんというのは四字でございますが」と言うたら、「バカっ、この物を知らぬバカ者め……」と、とうとう学者は怒鳴りだした。ところが若い者は「はい、私はたえしのぶの五字がよう呑み込めましたから、なんとおっしゃっても腹は立てませぬ」、こう言って皮肉っている。

ここで言う回光返照ということは、普通の言葉では実行と言うけれども、実行と言うだけではうまく響かない。回光返照というのは言葉であり、概念であり、理念である。しかしそれを我々自身の生活に移して、生活に即したものとなれば、つまり境涯になるわけである。この境涯になってしまえば、概念でもなく理念でもない。そこで始めて「行く先に我が家ありけりかたつむり」とも言えるし、「庵小なりと雖も法界を含む」とも言える。その物になりきってしまうことである。

脚下を照らせ

禅宗坊主に「脚下《きやつか》を照顧《しようこ》せよ」という言葉がある。足元を照らせということである。足元を顧《かえり》みよということである。さらに言えば、貴様はどうかということである。そうするとこの「脚下を照顧せよ」ということは、自己の生活にいつも立ち戻れということである。

それには大きい鏡がなければならぬ。この鏡に始終自分を映して見ることである。地獄でいうたら浄玻璃《じようはり》の鏡である。

地獄、極楽の絵を見ると、よく亡者を引っ摑《つか》まえて鏡を見せているのがある。鏡には荷物を持って逃げようとしているところが映っている。この鏡がすなわち我々の業《ごう》鏡《きょう》で、銘々《めいめい》自分で持っているわけです。そして銘々の境涯に相応した業《ごう》を映している。専門の言葉でいえば、これが第八阿頼耶識《あらやしき》です。

その鏡の中に、何にも映らない世界、そういう世界は一体どこにあるのか。この何にも映らない世界は悟りの世界であり、坐禅の世界である。出る息、引く息に、出る息は出る息ぎり、引く息は引く息ぎりに、念々不断に回光返照して、本当の自分を見つめて行く世界である。ここのところを『普勧坐禅儀《ふかんざぜんぎ》』には、

「所以《ゆえ》に須《すべか》らく言《こと》を尋《たず》ね語《ご》を逐《お》ふの解行《げぎょう》を休《きゅう》すべし。須《すべか》らく回光返照《えこうへんしょう》の退歩《たいほ》を学《がく》すべし」

と仰せられてある。

人はよう言葉でことを済ましてしまう。言葉だけで一生を終わってしまう。私が若いときに、ある浄土宗の和尚さんから聞いた話だが、ある偉い学者のお上人が、臨終に「わしは一生無駄なことをした。お前達もわしのようにつまらぬことをするでないぞ」と言われたそうだが、学者にはようこれがある。学問を仕事みたいに頭にドッサ

り憶《おぼ》え込んでも何にもならぬ。だから、火という字を憶えても火とは何の関係もない。水という言葉を知っていても水とは何の関係もない。悟りという字を、いくら王羲之《おうぎし》流《りゅう》に上手に書いても、悟りとは何の関係もないのである。だから「言《こと》を尋ね語《ご》を逐《お》ふの解行《げぎょう》を休《きゅう》すべし」……そういう無駄なことをやめて、「須《すべか》らく回光返照の退歩《たいほ》を学すべし」である。

この回光返照の退歩というのは、正しく坐禅をすることで、字の訳や、典拠を振り回わすようなことはせんでも、宏智《わんし》禅師も言われているように「退歩は己れにつく」であるから、自己に親しむ工夫をしなければならぬということです。したがって私達の一ばん努力せなければならぬことは、この回光返照の退歩を学するということです。左之右之《さしうし》、あらゆる時、あらゆる場合にこの工夫を要するのである。

少し尾籠《びろう》な話だが、小便一つさしてみてもこれは分かる。ある男が、頭はポマードをつけてペチャッと分けて、立派なネクタイを下げて、宝石入りのピンを挿して、我れこそは三国一の色男でございというような恰好をして豪然と坐っていた。やがて便所へ立った。この便所がまた檜《ひのき》の柾《まさ》で張りつめた立派な便所だ。その男が便所から出ると女中さんが検査に行くのだ。もし汚れでもしていると、掃除をしておかないと奥さんに叱られるからだ。行って見るとショボショボこぼれている。さあ女中さんは大ブツブツで、せっかくの色男も台なしである。こういうのは小便するのにも回光返照の退歩を学さないからです。

偉そうに口の先で禅を説いておっても、下駄は六、七寸向こうの方へ飛ばしている。人の下駄はデングリ返して泥をつけているというようなのも、回光返照の学し方が足らぬ証拠です。「道《みち》は邇《ちか》きに在り」、電車に乗っても汽車に乗っても、この回光返照の退歩を学さなければならぬ。先ず足元から工夫を要する。工夫する所どこでも道だ。だから咳《せき》ばらい一つにしても仕方があるわけだ。要するに生活の総てに回光返照の退歩を学さなければならないとするならば、生活の総てが坐禅を正門とするわけである。「豈《あ》に坐臥《ざが》に拘《かか》わらんや」とは言うけれども、世の中は先ず正門から工夫するのが順序である。この正門が坐禅である。

透明な雰囲気

坐禅が本当に円熟してくると、一堂に何十人坐っていても、十分か二十分は、実にシーンとして、それだけの人間がいるとは思われぬまでに、それこそ物凄《すご》いほど静かな澄んだ雰囲気ができる。その雰囲気ができることが大事なのです。

僧堂などでも、嫌な奴にやらすものだから、首をふったり、モソモソしよる。よう居眠る。禅宗坊主になった以上は坐禅になりきらねばならぬ。もっと坐禅が好きにならねばならぬ。それが、バラバラと徳利《とつくり》を並べたような坐禅では何にもならぬ。

在家の坐禅では居眠りをようやる。居眠りをやめたと思うたら五分間に一回ぐらいずつ腕時計を見よる。そろそろ厭《あ》きてくるとまた船を漕ぎ出す、頬杖をつく、そしてこんな足の痛いことはどもならんと横着なことを言う。これでは一ばん大切な雰囲気などは容易にできない。

この雰囲気ができれば、何十人一緒におっても、全体が透明になる。一歩進めば大円鏡智と言うて、広く大きな鏡のごとく、時間空間が透明になる。そこに自己を見出せば、これはいつもの自己とまた別の自己であります。石頭《せきとう》大師が「回光返照便《すなわ》ち還《かえ》り来たる。霊根《れいこん》に廓達《かくたつ》すれば向背《こうはい》にあらず」と言うておられるが、我々が回光返照するというのは、天地と同根、万物と一体の自己を体験するのです。

「回光返照便ち還り来たる」――譬えてみれば鏡を見るようなものです。自分を向こうに置いて見る。それだから、ああなるほど、ここに墨が付いているわいと、よう分かるのです。自己を見ることができるのです。ところが我々は回光返照しないと、他人の墨のついたのは分かるが、自分に付いているのは分からんのです。

「霊根に廓達すれば向背にあらず」――寒巌《かんがん》禅師の塔に霊根塔というのがあるが、これは天地と同根、万物と一体になることを表わしたものです。廓達し透明になるのです。広く大きく明らかになることです。しかるに人間というやつはケチ臭いもので、自分の巾着《きんちゃく》を見るくらいのことしか考えておらぬ。天地と同根、万物と一体、天地万物が自分へぶっ続きのものであることに気がつかないのです。誰かの俗謡に、

　つんとすねればすねって返す　にらみつくればにらんで返す　ホンにお前は鏡の影よ

というのがあるが、社会と自分というものも実は一つのものです。こちらの姿が向こうに映るのです。

若い時分の私を、子供が見ると泣きよった。その頃は、むずかしい顔をして、ウンとシャチコばって、力みかえっていたのだから、よほど恐ろしく見えたに違いない。それがこの頃では、私が優しゅうなったとみえて、赤ん坊でも飛びついて来る。汽車に乗っていると五つ六つの子供が向こうからよう私をあやしに来る。好《い》い爺さんに見

えるらしい。花咲爺《はなさかじい》さんぐらいに見えるのかも知れない。

世の中は妙なもので、向こうが優しゅうしておれば、こちらも優しゅうなっている。向こうがすねれば、こっちもすねる。睨みつければ睨んで返す、ホンにお前は鏡の影よというわけである。

ここのところが宝鏡三昧《ほうきようざんまい》である。だから坐禅ということは、宝鏡三昧とも言えるのである。

一切を自己に見る

私の若い時、と言っても三十七、八の頃だが、それから十年そこそこというものは、好景気時代から引き続いて思想問題が喧《やかま》しくなり、デモクラシーというような我々の食うたこともない妙な名前の思想、やれ何々思想、何々思想とたくさんな思想が起こって、赤の思想まで飛び出した。私も高等学校や帝大の生徒と永い間付き合っていたために、いろいろな思想にぶつかってきた。

その頃の学生はよう理屈を言いました。今はその連中も大部分が東京にいるんですが、若い時分には私も身体が良かったから、向こうが歩けばこちらも歩く、坐禅するなら坐禅で来い、しゃべるんならしゃべるんで来いという調子で、夜通し議論することも始終あった。向こうもいろいろな本を読んでは、ぶつかってくる。

向こうは最初から既成宗教というものを有難がらんのだし、坊さんというものの内容を知らんのだ。仏教を求めてくるのじゃなし、こちらも坊主根性で行くわけじゃない。いわば素裸の取り組みだ。私の言うことに一つでも落度があると、その言葉尻を摑《つか》まえて議論しに来よる。自分に少しでも付きものがあると、それを磨《す》り落としに来よるのです。しかし非常に愉快でした。

それですから、自分というものを既成させない、堕落させない、大人にさせない。一生求めて進んで行く、若い気持ちで一生送るのは、そういう腕白書生を相手にするに限ると思った。私はこんなこととして熊本にずっとおったのですが、つまりそれで回光返照する機会が非常に多かったのです。なんぞあれば、磨り落としに来るんですからたまりません。とにかく一切を自己の内面に見るのです。仏教でいう三界唯一心というのはそれです。

あの指鬘外道《しまんげどう》、すなわち鴦窟摩羅《おうくつまら》が、九十九人殺して、百人目に弁当を持って来た母親を殺そうと思った。そこを仏さんが後ろから呼びかけた。鴦窟摩羅は仏さんに斬《き》りつけようとした。すると仏さんは影の形に添うがごとく、鴦窟摩羅が進むだけ退いては説法をした。一足行っては説法を聞き、一足進んでは説法を聞いていたが、とうとう刀を投げ出し、五体を大地に投げ出して仏さんを礼拝した。その時に仏さんが「善来比丘《ぜんらいびく》」とおっしゃると、「髪地に落ち、衣身《えみ》に掛かる」というのだから、髪の毛が落ちて坊さんになり、着物が変わってお袈裟になったというのです。

そうして鴦窟摩羅は、その翌日、初めて托鉢に出た。すると途中で、非常に難産で苦しんでいる婦人に会った。当時インドには、いまだかつて嘘を言うたことのない人に呪文を唱えてもらうと災難を逃れるとか、安産するとかいう信仰があった。ところが人もあろうに、昨日まで人殺しをやっていた鴦窟摩羅が「どうぞ安産しますように呪文を唱えてくれ」と頼まれたのである。

びっくりした鴦窟摩羅は、自分には何にも分からぬ。早速仏さんのところに戻って来て、「こういう注文を受けましたが、私いかがいたしましょう」と尋ねると、仏さんの言わるるには「彼処《かしこ》に到《いた》りて我れ無始《むし》より以来《このかた》、未《いま》だかつて生命を害せずと言え」ということであった。それから直ぐ戻って来て、教えられた通り、「我れ無始より以来、未だかつて生命を害せず」と唱えると、赤ん坊は安々と産まれたというのです。

昨日まで九十九人斬りの鴦窟摩羅が、「我れ無始より以来、未だかつて生命を害せず」と言ったら、直ちに安産したというのは、そもそも何のことでしょう。なるほど昨日までは人殺しをしておった。しかし立派に回光返照して、今の自分というものは一切生命を害しない、本当に業障《ごっしょう》のない境涯になったのです。過去、現在、未来、一切の業障というものが尽き果てたのです。その業障の尽き果てた鴦窟摩羅が唱えるのですから安産をしたというわけになるのです。要するに仏教では、一切の善も悪も、功徳も罪も、ことごとく自己に見るのです。遠方にはないのです。

居合《いあい》術に「勝利は鞘《さや》の中」ということがありますが、抜いたら負けである。これも真剣勝負のうえで発明したことだろうが、武士でも最も尊ぶのはこの主観的なものである。

天地一枚の笛の音

昔、博雅《ひろまさ》という笛吹きがあった。朝廷に登って笛を吹く名人です。ある日のこと一人でポツネンと坐っていると、仰山《ぎょうさん》な子分を連れて泥棒が入って来た。そんなものと争うのはうるさいと思って縁の下《えんした》へコッソリもぐり込んでいた。泥棒は何もかも車に載せて二、三十人の子分に引かせて出て行った。大水の出た跡《あと》のような大騒ぎの後へ、博雅は縁の下から這《は》い上がってきた。きれいに盗《と》って行ったあとに、笛が一本落ちていたのを見た。しかもこの笛は自分の一ばん大事にしていた笛であった。

　思わず手に取った博雅は、何心なく一曲吹いたのである。そうすると笛の音色は天地に和して、天地と自分が溶け合ったような気持ちになった。天地いっぱいになって、好い気持ちで笛を吹いたのである。やがて何やら音がした。気がついて見ると、毛むくじゃらの男が前に坐っている。「あんたは何しに来たのだ」と言うと、「私は只今入った泥棒です」と言う。「泥棒さんが、どうしてここへ帰って来た」と尋ねると、「いや、お屋敷へ入って、纏《まと》めるものだけ纏めて車に載せ、ものの一町半も行った時分に、お屋敷の方から笛の音が聞こえてきました。その笛の音を聞いていると、嬉しいとも悲しいとも、大きゅうなったとも小そうなったとも、明るうなったとも、暗うなったとも、何とも彼《か》とも言いようのない気持ちになりました。とうとう地べたに蹲《うずくま》って、なおも音色を聞いておりますと、腹の底まで沁み通るような気がして、恥ずかしゅうて、もったいのうて、それから子分達を帰して盗った品物をみな持って参りました。

どうぞこれを戻して下さい」と手を突いて謝《あやま》っている。博雅が「へえー」と言ってびっくりしていると、泥棒は「それから私一つお願いがあります。私を弟子にして笛を教えてもらうことはできませぬか」と言う。博雅も雅量のある人と見えて、この男を弟子にした。

それから十年の後に、この男は用光《もちみつ》と言うて笛の名人になった。ある時、土佐の国へ行った戻りに海賊に襲われた。海賊がダンビラを引き抜いて、首を斬るぞと言うた時に「臨終の思い出に笛を一曲吹かしてもらいたい。吹き終わってから首を斬ってくれ」と頼んだ。海賊も、「よし、吹け」と言うので、一曲吹き出した。笛の音色は海の波に和して、天地一枚、透き通るような気持ちになった。今まで振り上げていた海賊の刀がだんだん下って、恐ろしい顔がだんだん優しゅうなってきた。そうして用光が笛を吹いている間に、船は舵《かじ》を取り直して難波に着いておった。博雅にその話をすると、「お前の笛も、やや名人になった」と賞《ほ》められたという話がある。

これもまた、「霊根《れいこん》に廓達《かくたつ》すれば向背《こうはい》にあらず」で、自他法界平等の境涯である。この境涯を得ることは笛も坐禅も同様である。『正法眼蔵』現成公案の巻に「仏道を習ふといふは自己を習ふなり」と示されてあるが、これが回光返照の第一級です。

「自己を習ふといふは自己を忘るるなり」、これが第二級である。「自己を忘るるといふは、万法《まんぽう》に証《しょう》せらるるなり。万法に証せらるるといふは、自己の身心、および他己《たこ》の身心をして脱落せしむるなり」、すなわち自他透明になる、これが第三級である。そしてさらに「悟迹《ごしやく》の休歇《きゅうかつ》なるあり」、悟りの跡形《あとかた》も無くして、しかも「休歇なる悟迹を長々《ちょうちょう》出《しゅつ》ならしむ」るのである。今生より未来、尽未来際《じんみらいさい》、今日は今日限《ぎ》り、明日は明日限《ぎ》りと、一生永遠に回光返照して、止めどなく自己を見つめ自己を体験することが、修行に終わりなしという相《すがた》である。常に磨き常に回光返照してゆく、常に新しく回光返照してゆく、ここに我々の本当の修行がある。回光返照しない者には「雖近而不見《すいごんにふけん》」と言うて、近い所に仏はあっても見ることができない。常に回光返照する者には、「常在霊鷲山《じょうざいりょうじゅせん》」で、いつでも仏を見ることができる。浄土は近い所にあるわけである。

それだから「言《こと》を尋ね語を逐《お》ふの解行《げぎょう》を休すべし。須《すべか》らく回光返照の退歩を学す」るということが大切なので、これさえ努めれば、「身心自然《しんじんじねん》に脱落《だつらく》して、本来の面目《めんもく》現前《げんぜん》」するのである。ここに到る方法はいろいろあろう。例えば笛も極致になればそうであろうし、武道の奥義もそれであろう。諸々の芸術もそうなくてはならないが、なによりも先ず坐禅が、回光返照には一ばんの表門であり、正門であります。これが坐禅の本筋であります。

食堂の宗教

飯《めし》は何のために食う

我々は日に三度ずつ御飯を食べます。これは誰でも生きている者は必ず食べるもので、あるいは日に四遍食べる人もありましょう。五遍食べる人もありましょう。また仏様は一遍であるし、私も一日一食で三年ばかりやったことがありますが、とにかく一遍なり二遍なり、ないし五遍なり必ずこれは食べるものである。そこでこの飯を食う、御飯をいただくという、こういうことを考えるのも、つまり生活即宗教というえには、まことに大事なことであろうと思う。

衣食住というが家の無い者がある。しかし家は仮住居でもいいが、飯は人に食べてもらうというわけにいかん。自分で必ず食べなければならん。沢庵和尚は「飯は何のために食うものぞや」という問題を出しておいて、「ひだるさを止めんがための計略なり」と言われた。えらい計略があったものである。刺身でなければ飯が食われんと言うが、そんな者は「餓《う》え未《いま》だ来《きた》らざるなり、餓え来らざれば一生食らわずとも済むべし」で、腹が減らなければ一生食わんでもよい。

ところが食物が往々娯楽になることがある。また慰みになることがある。もっとも慰みもありましょうが、しかし食物の全部が慰みでなく、我らには、なんらかの使命があってこそ食べなければならんのです。「貴様よく働くね」「働かなければ食えんよ」「そんなに食えんなら死んだらどうか」と私が言うと、「ウワッ！」と言った人がいる。働くために食うか、食うために働くか、これが大事なことである。たいていの者は食うために働く。これでは人間一生、口に使われる。これはもう負け戦さで、そんな人間はまことに困った弱虫の動物……と言っては相済まんが、口に全部使われるという、動物並みの人間と言わなければならぬ。我々は何らかの使命のために命をつなぐので、そのためにこそ、どうしても食べなければならんのである。

私が「働くために食うか、食うために働くか」と言ったら、誰やらが「おれはそんなことは今まで考えたことがなかった。ところが、食うために働くか、働くために食うかと、どえらい声で言われたのでびっくりした」と言ったことがある。

病は口より入る

そこで「働くために食うか、食うために働くか」ということを先ず前提に置いて考えると、私達は食い足らずに病気をしたということはない。「おれはとうとう病気をした、腹八分しか食わないので病気に罹《かか》った」、そんな者はありはしない。「ど、ど、どうした」「ああ、おれはゆうべ飲み過ぎて、頭が痛くて寝られない」と氷枕をしている奴が多い。

雲水というと、非常に名は風流ですが、下品なもので、私らの若い時は米の飯を食わせれば二十杯も食う。私は二十二杯食ったことがある。腹が瘤《こぶ》たんになって食い過ぎて腹をこわす。食い足らんで腹をこわしたということはない。食い過ぎて病気になるということはまことに相済まんことである。この国に対して、この世界に対して、人類に対して、奥さんに対して、婿さんに対して、子供に対して、あらゆる者に対して、まことに相済まんわけである。

私がある所の大学病院へ行った時に、学用患者というとおかしいけれども一人の男が診察されていた。なんでも胃が悪いとかで、ゴムの管を口からずっと胃袋へ突っ込んで、それを博士が押さえて何やらやっている。生徒が真黒に集まっている。ドイツ語か何か知らんがペラペラそれを説明していると、ワッとみんなが笑う。「何ですか」と私は生徒の一人に聞いたところが、「麦飯を食い過ぎたのです」と言った。たいてい病気は口から入る。口から食い過ぎて起こる。禍《わざわ》いは口より出ずで、口から起こる。

「どうぞ命を助けて下さい」と言うようなものばかりが宗教ではない。宗教というものは最も明るい生活をすること、裏表のない生活をすることである。人が見ていようが見ていまいが、神様が見てござろうがござるまいが、自分一人褌《ふんどし》を締めるところにも、そこにしっかりした宗教がなければならん、自分一人御飯を食べるところにも、そこに宗教がなければならん。これが食堂《しょくどう》の宗教である。

拝んでいただく

ある修養家が、我々が御飯を食べるということは、神さんや仏さんから「許されて生きさせていただいている」と言うたことがある。こういうような気持ちで私達が御飯を食べるならば、しくじるということはないわけである。「おれのような人間は去年死んでも差し支えないのであるけれども、しかし食べずにはいられないから、神さんから、友達から、奥さんから、婿さんから許されて生きさせていただかせてもらうのだ」と、拝んでいただく。

私は手を合掌しては夫婦喧嘩もできまいと思う。拳骨を振り上げるからやれる。それをちゃんと手を合わせて、「奥さん、今から横面《よこつら》をはらせていただきます」では、すっと熱が冷めてしまう。飯を食べる時でも、腕まくりをしてやると食い過ぎ飲み過ぎる。拝んでやればそんなことはない。そこが非常に大事な要領です。『受食五観《じゆじきごかん》』に「一《ひとつ》には功《こう》の多少《たしよう》を計《はか》り彼《か》の来処《らいしよ》を量《はか》る」とある。我々が食べる御飯というものは、天から降ったものでもなければ地から湧いたものでもない。行誡《ぎようかい》上人の歌に、

いたづらに枕をてらすともしびも　おもへば人の油なりけり

これは名高い歌であります。行誡上人は回向院《えこういん》、等持院、知恩院の住職をされた明治初年における浄土宗の名僧です。この歌を明治大帝が御覧になって――「我が日本の国にもこういう立派な人があるか、朕《ちん》ならば――

いたづらに枕をてらすともしびも　おもへば民《たみ》の油なりけり

と詠《よ》みたい」と仰せられたといわれる名高い歌であります。御飯をいただく時も、「おもへば人の油なりけり」である。それを、やれこの飯はこわいの、やれこの牛蒡《ごぼう》はかたいのと、やかましいことを言う。そんならもう食わんでおいてくれと言いたくなる。やれこの牛肉は少し固い、やれこのロースはしつっこいと言う。「そんなに文句を言うなら食わんでおいてくれ」と牛の方から私の方へ言伝《ことづて》がありました。

水戸烈公《みとれっこう》の臣下《しんか》の者が農人形《のうにんぎょう》を作った。今日これは銅像になっておって、水戸へ行くと土産に売っております、銅細工の物もあり木彫の物もある。その農人形を作って、それに烈公が歌を一首授けられた。

朝な朝な飯食《いい》ふ毎に忘れじな　めぐまぬ民《たみ》にめぐまるる身は

朝な夕なとなっているものもありますが、それでもよろしい。これは我々の社会生活というものを考えてみると、私共は、別に米一粒も作るでなし、機《はた》一つ織るでもなし、皆様のお蔭で着物も着ている、また御飯もいただいているし野菜もいただいている。今これを武士として、「朝な朝な飯食う毎に忘れるな、恵まぬ民に恵まるるこの身」である。人から恵まれていただいている。この御飯を食べるということは、これは銭を出したから当然だというようなものでは決してない。銭を出しても、もし売ってくれなかったらどうするか。

私は一昨年、中国を旅行して、何も食べられる物がなかった時は、どうも弱りました。何を口のそばへ持っていっても入らない。中国のごく田舎へ行った時はまったく弱った。銭さえあれば、どんな物でも食えるというものではない。だから「朝な朝な飯食ふ毎に忘れじな　めぐまぬ民にめぐまるる身は」、この心持ちがなければならぬ。

そこで「一には功の多少を計り」で、自分は何らかの功勲《こうくん》あればこそ、この御飯をいただくのである。米一升作るのには汗一升かかなければならんと言われている。米は苗代におろしてからお膳に載せるまでには百遍の手数が要る。一粒々々がこれは農民の辛苦の固まりである。その辛苦の固まりを冒瀆《ぼうとく》して罵《ののし》る。「この飯は味ない、この鰯《いわし》は辛い、これは口へ通らない」、そんなことは言えた義理でない。

それで「彼《か》の来処を量る」、この鯔《ぼら》は天から降って来たか、この鰯《いわし》は地から湧いたかというに、決して天から降ったものでもなければ地から湧いたものでもない。これは農民や漁師の辛苦の固まりによって我々の口に運べるのである。西洋人にもワシントンの食堂に対する戒めがある。それは「食物を道楽にする風あることなかれ、貪るごとく食することなかれ、食卓の上に背をかがむることなかれ、己れの食卓に不満を洩らすことなかれ」。こういうふうに、西洋人も食堂における心掛けは非常に大切なものとして扱っている。

隙《すき》のない生活

受食五観《じゅじき》の第二番目には「二《ふたつ》には己《おの》れが徳行《とくぎょう》の全欠《ぜんけつ》を忖《はか》って供《く》に応《おう》ず」。先ず毎日食堂へ入ったならば、今日は悪いことをしなかったか、この口で人の悪いことを言わなかったか、内緒のことをしなかったかとよく反省して、もし悪いことをしたならば、今日は三杯の御飯をいただく資格はない、一杯控えておこうと、自分で採点する。ちょっと今日は親父に口応《ごた》えをしたから二杯しか食べない、今日は落第点だったから食べずにおけ——と、口の端をつっついて我慢する。こういう理屈で、食べる度に、完全であるか欠点があるか、よく自分を反省して御飯をいただく。

それから次に「三《みつ》には心《しん》を防《ふせ》ぎ過《とが》を離《はな》るる事《こと》は貪等《とんとう》を宗《しゅう》とす」であるが、これは「三には心を防ぎ貪等の過を離るるを宗とす」と言えば意味がはっきりする。ここに宗という字が出てきたが、宗教というものは我々の魂をじっと、ひっつかむことである。魂というものは、「あなたの魂をちょっと見せてごらん」というようなわけにゆかない。赤いのか白いのか、丸いのか四角いのか、それともバラバラしているのか分からない。そのバラバラしているものをバラバラで放っておくならば何でもないわけである。それをギュッとひっつかむ——つまり自分の生活というものをジーッと見つめる。そこに宗教というものがあるのである。

馬に乗るのにも、のんきな父さんお馬の稽古で、「お前どこへ行くのか」「馬に聞いてくれ」、それじゃしようがない。「おれもな、そんなつもりじゃなかったけれども、つい誘惑に掛かってこんなことになってしまった」、そんな阿呆なことはあるまい。これは自分の魂をギューッと握っていない証拠じゃ。「食い過ぎるつもりじゃなかったけれども、ついうま過ぎたから食い過ぎた」とか、「呑み過ぎまいとしていたのだが、つい呑み過ぎた」などは随分変な話だ。「おれはそんな心じゃなかったが、つい友達に悪い遊びに誘われ、ずるずるべったりに遊んでしまって鼻の穴を二つつつかれて、すっかり金を捲き上げられてしまった」、そんなバカなことはない。

宗教というものは、魂をギュッとひっつかんで、自分の思う方へ引っぱって行くことである。我々はいつの生活でも自分の魂をギュッとひっ捉《とら》えることが必要である。

昔ある所に、平べったい皿の中へ油を一ぱい入れて、それを死刑の罪人に持たせ、「三里向こうまで持って行け、一滴もこぼさず持って行ったら命を助けてやる、もしこぼしたら首を斬るぞ」——と言うと、その罪人とうとうその油を一滴もこぼさず持って行ったという話がある。修養というものも、こういう気持ちでなければならん。一生懸命で、浮袋を持って大海を渡るような気持ちである。「その浮袋をおれにくれないか」「やれるものか」「そんなら半分くれないか」、浮袋半分じゃ何にもならん。「そんなことはできない」「そんなら針でちょっと、つつかしてくれないか」「バカを言え」「ほんのちょっぴり刺すだけでよいから」「ちょっぴりも、ぽっちりもダメだ」。これはもう微塵も隙がない。油断があったら直ぐ沈んでしまう。

平静を失うな

昔、フランシスコという人は、御馳走を食べて、「ああおいしい、こんなものを食べては天国へ生まれられない」と灰を御馳走の上に振りかけて食べたという。栂尾《とがのお》の明恵上人《みょうえしょうにん》は、ある時おいしい御馳走をちょっと食べて、こんなものを食べたら煩悩が起こると言って、障子の桟《さん》の埃《ほこり》を混ぜて、まあこれで虫が納まったと言って食べた。ある人が、上人は松茸が好きだというので、松茸の御馳走をこしらえて上人の所へ持って行った。「上人さんは松茸が好きなそうですが、持って来ましたから、どうぞたくさんお上がり下さい」、こう言うと、上人はボロボロと涙をこぼして、「わしは坊主であるから、仏法好きと言われるのはよいが、松茸好きと言われては恥ずかしうてしようがない」と言われたそうですが、窮屈な坊さんがあったものである。私だったら、たらふく食べますがな。しかし明恵上人は心を防ぐのに真剣であったことがよく分かる。

西有《にしあり》禅師がある家へ行って御飯を食べたところが、有り合わせの冷飯に残り物のおかずで、あまりおいしくない。クッチャンクッチャン食べていると、そばで給仕していた奥さんが「どうも何もありませんで……」と申し訳すると、禅師は「奥さん、これは結構な衛生料理ですよ」と言われた。あまりおいしくない時には、食い過ぎる心配がなくて先ず安全である。誘惑的色彩が少ない。これは食い過ぎる心配がなくて先ず安全であると思えばよい。こういうふうにあらゆる方面において、いつも心に捉われないで、心を防ぐ。どう防ぐかというと、我々はおいしいというと、「もう一杯、せっかくのことだ、もう一杯……」と、とうとう二十三杯も食ってしまう。これでは胃袋のゼンマイが回わらんようになってしまう。これが「貪等《とんとう》の過《とが》」とある「貪《とん》」であります。「なんだ、この煮えそこないの御飯は、これは何ちゅう汁だ」と気の早い親爺はどんぶり鉢を投げ出したり、燗徳利《かんとつくり》を投げ出したりして腹を立てる。それが「瞋《しん》」である。

「またしても麦飯に味噌汁に香こうか、相変わらず……」と愚痴をこぼす。これが「癡《ち》」である。これを仏教で貪瞋癡《とんじんち》の三毒と申します。この三つを無くすることを三善根という。貪というのは欲の深いことである。「あいつは欲の深い奴だ」と言うと、金ばかりではない、ただの御飯を食べる時には食い過ぎる、ただのお酒を飲む時には必ず飲み過ぎる。また食堂へ行くと、きっと小言をいう。下宿屋や寄宿舎に入っていると、「ああまた鰯《いわし》か、ああまた鯔《ぼら》か、また豆腐か」と必ず食堂で小言をいう。これが愚痴である。お膳に載った物を罵っては相済まん。「こんな物が食べられるか、こんな汁が飲めるか」と腹を立てる瞋恚《しんい》、この三つの過が無く、そうして心の平静《へいせい》を失わないことが大切である。おいしいものを見るとドキンとする。それは平常《へいぜい》あまり味ないものを食っている証拠である。あるいは味ない味ないと言う、これは平常贅沢している罰である。決して文句を言うな。そうしていかなる場合も、おいしいものでも平静を失わない、味ないものを食べる時でも平静を失わない、これがすなわち三つの心を防ぐ、貪等（貪・瞋・癡）の過を離るるを宗とすということである。これが神通力である。

おいしいものを食べて、ああおいしいと心の平静を失えば神通力を失って食い過ぎる。味ないものには直ぐ腹を立てて、これまた神通力を失う。おいしいものを食べても神通力を失う。味ないものを食べても神通力を失う。しかしうまい、まずいにかかわらず、いつも相変わらずであれば神通力を失わない。神通自在というのはそこである。何も神通力というのは雲や風に乗って幾百里幾千里を越えて行くことではない。腹をこわすほど食べ過ぎたり、ただの酒を飲み過ぎて腹を痛めて、目を醒《さ》まして臍《ほぞ》を噛《か》むというのは、神通力を失っている証拠である。

昔、白河楽翁公《しらかわらくおうこう》が、伊豆の海岸を海岸防備の調査のために巡視せられたことがある。その時にある峠の茶屋に休憩されると、自在鈎《かぎ》に鍋が掛かっている。これを見て、仁徳天皇の、

　高き屋《や》にのぼりて見れば煙立つ　民のかまどはにぎはひにけり

というのもこの鍋から出たのだと言われた。

　よきに煮《に》よあしきに煮るななべ（鍋）て世の　人の心は自在鈎なり

「この尻《しり》、日に三度焼きて天下平《たいら》かなり、みだりに焼けば家亡ぶ、強《し》いて焼かざれば交わりうすし」。強いて焼かなければ友達交際が悪いわけである。こういうふうに、この食堂というものは非常に大事なことである。

娯楽に食べる

次に第四番目に「四《よつ》には正《まさ》に良薬《りようやく》を事《こと》とするは形枯《ぎようこ》を療《りよう》ぜんがためなり」。御飯を食べるということは、これは薬を服《の》むという気持ちである。仏教においては御飯のことを薬というのであります。時薬《じやく》である。時薬とは昼飯のことである。非時薬《ひじやく》とは夕飯のことである。時薬、非時薬という薬を服んで、「この薬はエライおいしい、もう一杯!」、そんな者はない。「この薬は苦い、半分にしておこう」、そんな者はない。これは劇薬でありますから、この劇薬をそう分量を間違えてはいかん。腹を計りて食らい、身を計りて食らう。これは大事なことである。その分量を間違えたら大変だ。なぜ分量を間違えるかというと、これを娯楽と心得るからである。食うものならば何でも食わなければいかんと、大あぐらをかいて、たらふく食べて、腹がコチコチになるほど食う。そうしてジアスターゼや炭酸を服んで、娯楽に食べる。

私達子供の時分には、味噌汁、野菜、香こうの食べ物のことを三宝様とか、仏法様とか言った。道元禅師は、庫院《くいん》(台所)にいる人に示した『正法眼蔵』示庫院文《じくいんもん》に、「米にはお米と申せ、水にはお水と申せ、お米えり参らせと申せ、米えれと言うてはいかん」と仰せられています。御飯を食べる時には、米でも野菜でも何でも拝んでいただく。牡丹餅《ぼたもち》でも「南無牡丹餅大菩薩」である。「南無麦飯如来《ばくはんにょらい》」「南無鰯仏《いわしぶつ》」そういう気持ちであります。そうでないと自己を冒瀆する。安っぽくなる。我らはとにかく大なる使命を担っているのである、地上の人類を背負って立っているのであるという意気込みがなければならぬ。「おれみたいな者は生きておっても死んでおっても差し支えない」と言うような者ではいかん。必ずこの地上に、おれが生きておらなければならぬ、おれがおらなければどうするか。こういう我々には自重心《じちょうしん》がなければならん。この自重心がどっしりしておれば、食べ物を食い過ぎてはまことに相済まんという気が起こるわけである。

楠木正成《くすのきまさしげ》が、「死にともな、ああ死にともな、死にともな、大恩受けし君を想へば」と言った。君に奉公する大事な体、社会のためになる体、親のためになる体、子供のためになる体、女房のためになる、婿さんのためになるこの大事な体を、食い過ぎて青瓢簞《あおびょうたん》のような顔をして、腹がシクシク痛くて動けないというようなことでは、まことに相済まんわけである。食い足らんで、腹がペコペコで動けない、これでも仕方がない。

そこで食い過ぎて、せつのうて、上向けんというのも悪いし、ペコペコで動けんというのも悪い。いつも、ちょうどよい加減に体を持っておらなければならん。私は日露戦争に行ったことがある。腹が減っては戦さは出来んというので、いつも腹を十分にこしらえるようにと食物を探す。探すというとおかしいが、死人が出ると、その食料を早速頂戴する。「菩提のためにもらうぞ」と、早速もらって、自分は二人前三人前の食物を食べて広原を駆けながら、パンを噛《かじ》りながら腹薬を服《の》んだ。敵は腹一杯で逃げるのに、こっちは腹がペコペコではしようがない。薬をしっかり服んでおかなければならん。

この使命を果たすために、体力のあらん限りを発揮できるように食物をとる。食物で健康を保つのであるから、その食物でもって健康を害してはまことに申し訳がない。いつもコチコチの腹でもいけないがペコペコでもいけない。いつもピンとした健康をキュッと持っていなければならん。それがすなわち第四番目の「正に良薬を事とするは形枯を療ぜんがためなり」というのである。これがもし一歩間違えば、身を以て食物を左右するというようになる。うまい、味ないということから、我々は大なる使命を果たさねばならぬ健康を害して参ります。前には心の平静と言ったが、今度は健康の平静を失う。仮りに昨日、私が食べ過ぎて今日学校へ講義に行けなかったとするならば、大勢の生徒はそれを喜ぶかも知れんが、とにかく相済まんわけである。そこで良薬を事とするのは健康を保つためであって、食い足らんでも栄養不良になる。それをいい按配《あんばい》に、すなわち形枯を療ぜんがために、治療するために御飯を食べなければならん。

自分を見失う

それから第五番目は「五《いつつ》には成道《じょうどう》のための故に今《いま》この食《じき》を受く」——成道というのは、道に成功することである。「あの男、このごろ成功した」と言うが、私共、頭の悪い者には何に成功したのか分からない。聞いてみると金を貯めたということじゃそうな。金などは、私はあまりたくさん持っておりませんが、金が無《の》うても人が飯を食わしてくれるから、金を貯めたことが成功だということが私には分からない。「何々は成功した」と言う。聞くと高等官になったということだそうな。私ら坊主には正二位だの従三位《じゅみ》だのという位はないから、位だけようなったから、それが成功ということも頭の悪い私には十分意味が分からない。要するに道に成功しなければならんのです。

私共はなんとしても、道には成功しなければならん。この道とは一体どういうことをするのか。道にもいろいろあって、仏教でいうと菩提ということである。この菩提とはどんなことかというと、「実の如く自身を知る」ということである。本当の自身を知るということが何より大事なことである。「あの男は金を持っているけれども身を忘れている」、それならばまことにつまらんことでしょう。「あの男は、高等官になったけれども我身《わがみ》は持っていない」、これは何でもない男である。そうすれば道とは、「実の如く自身を知る」こと、本当に自分をひっつかむことである。仏法というものはそのためにある。私ら一生のうちに何を為《な》さなければならんかと、本当の自分をつかむことである。

そうすると、我々の修養というものは、自分を見失わないように努めることが一ばんである。おいしい物を食べても自分を見失わんよう、いかなる場合も自分をしっかりつかんでいる。御飯を食べるにも、大切な使命を果たすために御飯を食べて長生きするのだと、本当に自分をひっつかんで、見失わない。この本当の自分に行き着いたのを得悟という。悟りを開くというとエライ難しいように、頭で手品でも使うように思うけれども、そんなことではない。本当に自分というものを見て、しっかり足を地につけて行く、その踏みしめ方である。すなわち、おれはこうだ——としっかり自分を見失わないようにする、これがすなわち成道である。

自分の一生の使命は何か、何をするためにこの世界に生まれてきたか。「私は何か知らんけれども、ひとりでポカンと生まれてきた」「そんなら死んでしまったらどうだ」「何だか訳が分からないが、死ぬのは嫌《いや》だ」、そんなことではいけない。本当の自分の使命というもの、本当の自分というものを見出して行こうというのである。他人から「お前何じゃ」と言われて、「おれは知らん」というような者は無明長夜《むみょうじょうや》の民《たみ》である。金を仰山《ぎょうさん》くれればよいことと思っている。人に好かれればよいこと、嫌われると悪いと思っている。しっかり自分というものを持っておれば、たとえ金が無うても、君らの知ったことでない、おれの足は金輪際《こんりんざい》地に着いている、おれの生活はどっしりしている、おれの肚《はら》は据《すわ》っていると確信をもって言える。ここが「一合取っても武士じゃ」と言うところで、菩提ということ、道ということを意訳した言葉であります。

こういうように本当に我々は自分というものを一生の中に見出さなくちゃならん。それがためには、御飯を食べるにも修養をして、一日も欠かさず、この自己を磨かねばならん。向上しなければならん。毎日向上しないと堕落する。毎日勉強しないと私共は阿呆《あほう》になってしまう。毎日磨かないと錆《さ》びてしまう。毎日向上して毎日偉くならなければならん。

そこで我々の本当の自己を見失わないで、毎日成道する。御飯に向かって成道する。いかなる場合にも自己を見失わない。これがためには御飯を食べて生きて行かねばならん。この成道のために、すなわち深い意味において本当に自分というものを悟るために、御飯というよい薬を服《の》んで、大切なる使命を果たすために修養し、長生きをしなければならん。言い換えれば本当に修養するために御飯を食べなければならんということで、ただ娯楽に食べてはならんのです。これがすなわち「食堂の宗教」であります。

お袈裟の話

お袈裟の起源

この項ではお袈裟《けさ》のお話をしたいと思う。先ず最初にその由来について申し上げる。

釈尊の説法によって深く仏教に帰依した舎衛国《しゃえこく》の波斯匿王《はしのくおう》が、あるとき馬に乗って道を通っていると向こうの方から仏弟子が来るのに会った。そこで馬から下りて丁寧にその仏弟子におじぎされたところが、仏弟子と思ったその人はバラモン僧だった。そこで、これではならない、なんとかして仏弟子と外道との区別が一目で分かるようにならんものかと、釈尊の許《もと》に行って服制を定められるようにお願いした。

すると釈尊は、そばにいた阿難尊者を顧みながら、水田を眺めて、「あのようにしたらよかろう」と言われた。水田の大切なことは分かりきっている。この水田法はこれまた釈尊の御指導によって創《はじ》められたものである。これがお袈裟の由来なんで、それがためお袈裟のことを福田衣《ふくでんえ》とも水田衣《すいでんえ》とも言う。

お袈裟の功徳については、『正法眼蔵』袈裟功徳《けさくどく》の巻と、伝衣《でんえ》の巻との二巻を参究すればよく分かるのである。伝衣というのは禅宗では法を伝えることである。衣すなわちお袈裟を伝えるとは仏法の極意を伝えることである。そもそも私がお袈裟について考えたのは十九か二十の時で、私のついた師家《しけ》さんというのが、西有《にしあり》禅師に長いことついた人で、また三井寺で勉強した人であった。この人は越後縮《えちごちぢみ》の鼠色のお袈裟をかけ、黄色い衣を着ては導師をしていた。そのお袈裟は西有禅師の存命中にもらったのであったが、亡くなられてからまた、寺の方へ納めた。只今私の持っているのとも違って、紐《ひも》も打ち紐でなく、くけ紐である。縫目も衣屋で作るのとは違っている。なんとなく私には因縁があるのか、そういうお袈裟をかけてみたいと思ったのである。一生のうちに、本当のお袈裟をかけて、頭を剃って、そして坐禅をする。これが私の満足の頂点のような気がした。頭を剃ってお袈裟をかけて坐禅する。それが最後の頂点、それより行く所がないような気がしたのである。これが十九ぐらいの時で、それから直ぐに、自分の持っているお袈裟の紐をつけ替えたことがあった。

お袈裟のかけ方は『正法眼蔵』袈裟功徳の巻に、道元禅師様が、「両端ともに左臂《さひ》肩《けん》にかさねかくるなり」と仰せられているが、左の肩になげかければよい。紐のつけ方が法にかなっていないといかん。すなわち、㑛《こう》と紐《ちゅう》（お袈裟の紐《ひも》）とがその所を得ないと、威儀が整ってこない。

とにかく、お袈裟について、もっと真相を極めたいと思い、それからは始終、お袈裟、お袈裟のことばかり考えていたが、そのうちに兵隊にとられた。戻って来たらまた勉強しようと思って兵隊に出たのだが、その時ちょうど戦争が始まった。ええ、いっそ死んでしまえと思って、戦地に行ったのであるが、死なずに戻って来てしまった。

今度こそお袈裟の研究をしようと思ったところが、誰もお袈裟のことをよう知らんので困った。それで私は奈良に行って勉強した。

奈良の律僧の寺であったが、これは独立した律宗でなしに、浄土律、真言律、天台律というように、いろいろある寺です。その中に葛城山の高貴寺《こうきじ》というのがある。この高貴寺に参詣した時に、ここに納めてあるお袈裟が、私の十九の時に見たのと同じ縫目である。それから木綿、金巾《かなきん》等といろいろなのがある。その時分、私は二十九か三十になっていたが、何も知らんから、だんだん聞いてみると、この葛城山の慈雲尊者が、紐のつけ場所を替えたので、野中寺《やちゆうじ》の戒名簿から削除されたという歴史がある。しかしお袈裟については、古今独歩の第一人者である。だから高貴寺にはどんなお袈裟でもある。いわゆる千衣《せんえ》といって、さまざまなお袈裟が纏《まと》めて残されてある。

それからまた、私の友達の親が亡くなった時に、お通夜に行ったところが、そのお通夜に来た尼さんが、私のいう理想通りのお袈裟をかけていた。この尼さんがお袈裟のことになかなか詳しい。そのお袈裟を見ると、縁《へり》がちゃんと三筋縫ってある。どうしたんかと思ってよく聞いてみると、葛城山の慈雲尊者四代目の法孫であった。ところが、この尼さんが、私に法を聞くことになった。一体この尼さんは、さる金持ちの娘さんで、嫁入りする代わりに隠居して、庵を建ててもらって、その庵に入っていたものであった。そこには弟子が一人おったが、この師匠と弟子とは共に金持ちの親類同士の娘である。そしてそこは真言宗であるけれども、その仕込みは『学道用心集』やら『正法眼蔵随聞記《ずいもんき》』というようなものを私が聴かしたものだから、まったく曹洞宗式になっていたと言ってよいのである。

するとある時、『方服歌讃《ほうぶくかさん》』を講義してもらえまいかと私に言われた。この本は袈裟についての歌が集めてあるのである。よしきたと引き受けた。読みさえすれば講義ができるだろうと思っていたが、家に帰って読んでみたがよく分からん。それもそのはずで、法服には法服独特の学問が要るのである。そこで、『方服図儀《ほうぶくずぎ》』という本を借り出してみたのである。『方服図儀』は略本が二冊になっているが、広本になると十冊ある。法服の研究は、仏像の研究から始めなければよく分からん。そこでこの本を真言律の寺から借り出したわけである。

この時分、私は奈良の法隆寺で勉強しておったが、ちょうど大演習があって、みんなバタバタと騒いでいた。私は本物の戦争をやってきた揚句であるから、少しも珍しくない。人が演習を見歩いている間に、私は『方服図儀』を写本した。この略本の写本で研究してみたが、どうも『方服歌讃』の意味が分からない。それからは右に言ったような種々の因縁から一層さらに、お袈裟について研究せんならんという気持ちになった。

我々が総てのものの極意を伝えることを「衣鉢《えはつ》を伝える」と言うが、これは元来、仏法の極意を伝えるというところから起こったので、この仏法の極意を表わしたものがお袈裟に当たるわけである。これがまた、お袈裟の研究をせんならんという気持ちに一層、拍車をかけた。

さらにまた、坊さんばかりでない。一般の者でも、日本人としてお袈裟というものを知らんということはいかんという気持ちがした。西洋人には、カーライルの『衣裳哲学』などというものがあって、たいがいの書生が知っている。私がお袈裟、お袈裟と言っていたものだから、ある人が私の所にこの本を持って来たので、読んでみた。

それには、審美服だの教会服だのと説いてあるが、仏教のお袈裟のように尊いものとは訳《わけ》が違う。お袈裟ほどのたくさんの意味は含んでおらない。

それにつけても我々は、お袈裟の偉大なこと、もっと普及させんならんという気持ちがした。その時分の私の考えでは、頭を剃ってお袈裟をかけて坐禅すれば満足で、修養というのは、それだけよりほかにはないと思っていた。

衣法一如

ある地方に行くと、坊主のくせにお袈裟を窮屈袋《きゆうくつぶくろ》と言っている。なんで窮屈袋と言うのか知らんが、憐れむべき考え違いである。なるほど、こんなものをかけていたら、ちょっと鰻丼も食いに行けん、カフェーにも入れん。窮屈袋と言えば窮屈袋だが、ここがお袈裟の抜き差しならん尊いところである。

仏在世の時には、仏が「善来比丘《ぜんらいびく》！」とおっしゃると、「髪地《はっち》に落ち、衣身《えみ》にかかる」と言われている。これは仏在世の時の戒法を受ける様式を言ったもので、仏が善来比丘と言われると、出家する男の髪の毛がバラバラと前に落ちて坊主になり、俗服がお袈裟になるのである。これは手品使いのように聞こえるけれども、この意味をよくのみこむと、我らの心構え、身構えが一転化するのである。その一転化されたものをもって、袈裟が身についたと言えるのである。

食うために働くのか、働くために食うのか、坊主になっても一生はっきりせん。これはお袈裟が身についていないからです。我々の心構え、身構えも、お袈裟から研究できるわけである。

善来比丘と言われた時に比丘が得たお袈裟は、一体どんな勿体《もったい》だったのか、絹か、麻か、金襴か、木蘭《もくらん》か、青か、黒か、否、いわゆるそういう、いろいろな勿体を超越したお袈裟でなければならんわけである。

道元禅師様も「袈裟功徳」の巻に、

「善来得戒《ぜんらいとくかい》の披体《ひたい》の袈裟《けさ》、かならずしも布《ふ》にあらず絹《けん》にあらず、仏化難思《ぶつけなんし》なり」

と仰せられている。やはり、形を超越したお袈裟であり、仏の教化不思議なりと言われているのです。

また伝衣については、「弥勒千尺《みろくせんじやく》、釈迦《しやか》は丈六《じようろく》」ということがある。丈六の釈迦のお袈裟が、千尺の弥勒に伝わって長からず短からず、と言うのである。そうするとお袈裟というものは釈迦が着ても長からず短からず、弥勒が着ても長からず短からずと言うのだから、固定した長さを持っていない実に無相衣《むそうえ》なのである。

たとえば、人間と人間とが証契即通《しょうかいそくつう》すれば、つまり以心伝心《いしんでんしん》で気持ちが通じ合えば、個性や境遇が違っても、道は一つになるのと同じである。ソクラテスみたいな野人の道が、プラトンみたいな貴族階級に伝わり、それで、ソクラテスの道が広まって行くようなものである。貴族の道が乞食に伝わっても、乞食の道が金持ちに伝わっても、男の道が女に伝わっても道は一緒である。

我々が小僧の時分には、伝衣の時に、本尊さんよりも大きいような鏡餅を供えて三拝するのを、けげんに思ったものだが、ここが衣法一如を示す点である。我々の持物で一ばん大切なものはお袈裟であるが、この有形のお袈裟を無形のお袈裟にしなければならぬ。また、無形のものの宿るのは、どうあっても有形のものでなければならん。つまり有形無形一如でなければならん。大神宮が尊ければお札も尊い。

威儀即仏法

大智禅師は「幸い福田衣下《ふくでんえか》の身となりて……」と言われた。つまり福田衣下の身は、お袈裟をかけている身である。それを幸いと言っていられる気持ちは、有形の袈裟が無形の袈裟に感応するからである。

ただお袈裟をかけてお布施かせぎをするだけなら、なにも、幸い福田衣下の身となるということはない。大切なことは衣法一如でなければならぬ。

洞山大師《とうざんだいし》という方の衣線下《えせんか》の則《そく》にこういう話がある。衣線下というのは、お袈裟をかけているということである。さてその則の話であるが、洞山大師がある坊さんに「甚麼《なにもの》か最も苦なる」と尋ねた。すると坊さんは、「地獄最も苦なり」と答えた。そこで大師の言わるるには、「然《しか》らず、衣線下《えせんか》に大事を明らめざるを始めて是れ苦なり」と言われた。お袈裟に包まれながら、生死《しょうじ》の一大事、人生の真実を明らめないのが、すなわち苦じゃと言うのです。

何が一ばん楽しいかと問うてもよいわけです。お袈裟をかけていながら極楽はどこだと尋ねるようでは、一生かかっても行くべき所に到着することはできない。自分を冒瀆して、自分の生活のほかに一大事を探すのは苦であり、流転の生活であり、迷いである。お袈裟をかけるそのことが、飯《はん》たり粥《しゅく》たりで、袈裟をかけながらそのほかに大事を探すのが苦である。

言い換えれば、お袈裟をかけるそのことが、一大事を成就することであり、行きつく所まで行きついたことである。すなわちお袈裟をかけて満足できぬということが最も苦しみなのである。ここまで来んと、幸い福田衣下の身となりてという境涯が出てこない。

今ここでは、地獄が最も苦と言っている。これは古くさい概念を摑《つか》んでいる。地獄がなんで苦しい。本当いうたら地獄というのは暢気《のんき》な所だ。裸で歩いても、人の頭をなぐってもよかろう。喧嘩してもよかろう。人の物を搔《か》っ払ってもよかろう。嘘《うそ》を吐《つ》いてもよかろう。何をしてもよいというくらい暢気なものはない。

その代わり、極楽は窮屈な所だ。阿弥陀というお師家がしかつめらしい顔をしてござる。観音、勢至という世話人がついている。どうも融通がきかん。

今、洞山大師の言われる苦しみは、そんな地獄の苦ではない。「衣線下に大事を明らめざる、是れ苦なり」である。我々は頭を剃って袈裟をかけたら、それが安心でなければならぬ。そして自分の本当の生活を見て行かねばならん。それを、自分で頭を剃って袈裟をかけながら、坊主はつまらんから学校の先生になりたいなどと言うている。

衣線下に大事を明らめるということは、袈裟をかけることである。袈裟それ自身が仏法とぶっ続きだ。それが威儀即仏法《いいぎそくぶっぽう》、作法是宗旨《さほうこれしゅうし》である。この威儀即仏法は外にあるものを持ってくるのではない。それは自分の一挙手一投足がことごとく、自分の本当の生活として、はっきりと大地をふんばって行くことである。

私のことをある人は袈裟宗だと言うが、この威儀即仏法、作法是宗旨は袈裟宗の本則です。雪隠《せっちん》を掃除すれば雪隠宗であるし、飯炊《ままた》きすれば飯炊き宗である。

お袈裟の信仰

私はどういうものか、お袈裟とは深い因縁がある。『法服格正《ほうぶくかくしょう》』の著者、黙室良要《もくしつりょうよう》大和尚は、肥後国天草楠浦にある私の師寮寺《しりょうじ》の檀頭の宗像《むなかた》氏から出ている。後に尾張西春日村普門寺の開山になった。この『法服格正』は袈裟の戒律のことでは「袈裟功徳」「伝衣」の巻よりも詳しく説いてある。おそらくこれほど宗乗と律、すなわち有形のお袈裟と無形のお袈裟が一如する、いわゆる衣法一如を説いた立派な書物はあるまいと思う。私のお袈裟の研究はこれについて参究するのである。

葛城の慈雲尊者が『方服図儀』を書かれたのに、柳澤里恭《りきょう》が「魚を捕ふる者はその網の目を密にする。虎を画く者はその毛描きを密にする」と序文に書いているが、これが威儀即仏法に叶っている。その心が法である。これが坐禅する時の用心である。坐り方はただ真似しただけでよいのではない。その仕方から稽古するんだが、どうでも自分でやってゆかねばならん。これと同じように、お袈裟一つ扱っても、お袈裟の着こなしから、お袈裟の縫い方、針目から、いろいろ大切なことがある。

日本人にはお袈裟の信仰が普及しているが、インドを旅行した人にお袈裟のことを訊くと何にも知らん。五条は襦袢《じゆばん》のように、七条は単衣《ひとえ》のように、九条は羽織のように、ただ普通の服のように考えている。しかしそれでよいのであろうか。日本人は迷信からお袈裟のことをやかましく言うのだろうか。しかし、二十四孝の話を考えてみる。母のものと思えば破れ扇一本でも大切にする。我々にしても母の形見の扇を持っていれば母の温かい懐にいるような気持ちがするじゃないか。それと同じように仏を信じ、法を信ずる者は、または僧に帰依する者はお袈裟に対して仏とちょっとも違わんという気持ちを持っているのは当然である。大神宮様のお札を日本人ならば尊いものだと知っているから、そのお札が落ちていれば必ず拾う。西洋人から見れば迷信だと思うかも知れない。大神宮さんのお札に崇敬の念を起こすと同じように、仏教のお袈裟に崇敬の念が起こってもよいわけである。この信仰の表われが奈良の街であり、京都の街である。共にお袈裟に形どって造られている。こういうふうに日本人は古くから、お袈裟に対して信仰を持っていた。奈良朝以前からかなり普及していた。悲華経《ひけきょう》に釈尊の五百の誓願が書いてある。その中にお袈裟について五つの誓願があげてある。「もし袈裟をかけて戦さをすれば、決して負けるということがない」と。また、海龍王経《かいりゅうおうきょう》の中に、金翅鳥《こんじちょう》の難をのがれることが書いてある。すなわち、金翅鳥に食われるところを、仏に申し上げて黒の袈裟をいただいて、それを切って持っていたので、金翅鳥に食われずに済んだのである。こういうような話も袈裟の信仰を普及させるには役立ったのであろう。

聖徳太子は袈裟をかけて政治をとられ、聖典を講義された。また聖武天皇は袈裟をかけて戒法を受けられた。その他、奈良朝、平安朝の時代には、畏《おそ》れ多くも上御一人《かみ》に御《おん》悩みがある場合には、勅使が立って、名僧知識のお袈裟を御枕元に安置して御悩みを御やすめ奉ったという例もたくさんある。お袈裟の功徳が日本国民に篤《あつ》く注がれていたことを物語っている。

うらきぬの御書

親鸞聖人に『うらきぬの御書』というのがある。聖人の衆生済度の行脚《あんぎや》の途すがら、伊勢の桑名で漁師の小屋を借りた時、海龍王経の袈裟功徳の一部を、袈裟の裏に書いて漁師に与えたものである。

タトヒ一形《ギヨウ》ノアヒダ　悪ヲツクルトモ　宿業《シユクゴウ》ノガレガタクサリガタキハ　イカニセム

タダヒトスヂニ　ホトケタスケタマヘト信ジテ　専精《センシヨウ》ニ念仏スレバ　願力ノツヨキニヒカレテ往生スルナリ

龍王スラ　袈裟ノカタハシヲウレバ　金翅ノ難ヲノガレ　浦人《ウラビト》袈裟《ケサ》ヲウレバ風波《フウハ》ノ難ナシ

イハンヤ万善所帰《マンゼンシヨキ》ノ法船　仏智施与《ブツチセヨ》ノ信帆《シンパン》　アニ煩悩ノ風ヲ恐レンヤ　アニ妄念ノ波ニシヅミナンヤ

願力不思議ナレバナリ

ユメユメコレサラニ　親鸞ガワタクシニマフスコトニアラズ六方恒沙《ゴウシヤ》ノ諸仏ノ証誠《シヨウジヨウ》ニテ候ナリ　アナカシコアナカシコ

念仏往生証拠ノタメ　予《ヨ》ガ袈裟ノウラキヌニシルシハベル

愚《グ》 禿《トク》

建暦第二十月九日

南無阿弥陀仏

クハナノ浦人へ

というのであって、今は一身田の高田山専修寺《せんじゆじ》の宝庫に納まっている。これは当時、お袈裟の信仰が念仏よりも普及していたので、念仏を勧めるために、お袈裟をたとえにとったものと見ることができる。

それから名前に袈裟という字を用いたのがよくある。私のよく行く家に、袈裟代という女中がいる。袈裟六という人も知っている。袈裟吉という人もいる。また、袈裟一という海軍大佐も知っている。「あんた、なんで袈裟一という名前をつけた」と聞いたら、大佐が生まれる時にお袈裟をかけたように胎盤が引っかかっていたためだそうな。そして長男だから一の字をつけて袈裟一と言ったんだそうな。

昔には袈裟御前《けさごぜん》があった。今でも袈裟のついた名前はいくらでもある。京都帝大の医科に袈裟雄という人があるが、恥ずかしくってかなわんと言っていたが、私の袈裟の話を聞いてからは、偉うなったような気がして嬉しくなったと言っている。

あるいは、伊豆の修禅寺に刷《す》り袈裟《けさ》というのがある。亡者ができると、この刷り袈裟を受けて来て、頭陀袋に入れて亡者の首にかけてやる。京都にもその刷り袈裟が因幡の薬師寺に伝わっている。伊勢にもある。こうして刷り袈裟というものが袈裟の功徳を普及しているわけである。

それから、お袈裟をかけて戦さをした者もいる。入道になって戦さをした者もいる。菊池家では武時《たけとき》以下、歴代入道して坊主になって、袈裟をかけて戦さをしている。または八幡さんというものはみな僧形《そうぎょう》です。お袈裟をかけた御神体です。

昔、インドに商那和修《しょうなわしゅ》という方があった。商那和修は胎衣と訳する言葉で、これは生まれながらにして袈裟をかけて生まれた。それで胎衣すなわち商那和修という名をつけて出家さした。

お袈裟の因縁

地蔵十輪経というお経がありますが、このお経の中に、お袈裟について二つの因縁話が出ている。

一つの因縁話はこうです。

その国では罪人を夜叉《やしゃ》に食わせてしまうのである。罪人を坐らして置くと、夜になって夜叉が出て来て食ってしまう。つまり鬼子母神《きしぼじん》のようなもんです。あるとき罪人がツクネンと穴に坐っていると、夜叉が金時《きんとき》みたいな逞《たくま》しい五百匹の子を連れて餌を探しに出てくる。お母さんが「オヤここにおいしいものがある」と言うと、子供達が鼻をクンクンさせながら集まってくる。そこでお母さんが、「道にあるものを無暗《むやみ》に食べて中毒してはいけません」と言ってよく調べるのである。子供達は腹が減っているものだから、突いてみたり、おさえてみたり、なめてみたりする。お母さんが「まだ食べてはいけません。向こうで待っていなさい」と言って、よく調べてみると、これはしたり、お袈裟の布の端を首にかけている。

するとお母さんは「これはいけません。この方は仏様の着物をかけておいでになる。これを食べると、この世に夜叉に生まれているのに、未来もまた夜叉に生まれる」と子供達をなだめる。子供達は駄々をこねる。お母さんは「そう無理を言うものではありません」と言って向こうへ連れて行ってしまう。罪人は今食われるか今食われるかと、一晩中びくびくしながら夜を明かす。

翌朝、役人が来て見ると、この罪人は生きている。「一体お前はどうしたのだ」と言うと、「ハイ、お袈裟の功徳で助かりました」と答える。「そうか、この国では、夜叉の食わんものは刑罰にせんことになっているから許してやる」、こう言って許されたという因縁である。これから刷り袈裟を首にかけるという信仰が生まれている。

しかし私から言えば、袈裟をかけて、それで満足するというところから出発するので、第一義的に言えば袈裟それ自体が安心でなければならない。これでは一般には分からんから第二義的な因縁ができているわけである。

もう一つの因縁話はこうである。王様があって、その領土に六牙の白象がいることを聞いて、ぜひその神象の牙が欲しいと言い出した。いくら欲しいと言ったところで、どうしてもその神象を捕えることができない。広く布令を出して人を募集した。するとある獰猛《どうもう》な猟師がやって来て、私が捕えてまいりましょうということになった。そこで猟師は考えた。なんでも、その象は非常に仏様を信仰しているということだ。それなら一つ、お袈裟をかけて行くことにしようと、二人の猟師が、それぞれお袈裟をかけて、しずしず進んで行きました。なるほど向こうに牝牡《めすおす》の象がいる。普通なら、猟師の姿を見れば逃げ出すはずなのに、お袈裟をかけているものだから安心しているのである。

牝の象が先に猟師を見つけて、牡に向かって申します。「ソラ向こうから、目付の悪い奴が来ますよ」。すると牡の象が、「お前何を言う。あれは仏さんのお弟子じゃないか」。牝象はなお「それでも、あの目付が怪しい」と心配する。牡は「仏さんのお弟子を疑ぐるのはよくない。それだから女は罪が深いのだよ」とたしなめる。

そうするうちに、かの猟師は、お袈裟の下に隠していた毒矢を放って牡の象を射ました。牝の象は「ひと思いに、あいつを殺しましょう」と怒り立った。すると牡の象は「何を言うのじゃ、仏さんのお弟子のなさることに、我々は何も悲しむことはないじゃないか。仏さんのお弟子に無心されたら……仏さんのお弟子がお入用なら何でも差し上げる、命が無くなっても我々は満足じゃないか」と牝象をなだめる。

そこへ猟師が近寄って来る。牡象は猟師に向かって、「何がお入用で私の命をお取りになるか」とたずねる。猟師は「おれは、お前の牙が欲しさに来たのだ」と言う。するとと牡象は「牙はあげるが、あんたにあげるんじゃない、あんたのかけているお袈裟にあげるんです」と言って、懇々と牝象を慰めて息を引き取ったというのである。

これは非常な皮肉です。我々がお布施を狙《ねら》うためにお袈裟をかける。施主の方では仏弟子だというところで帰依をする。ところが坊さんの方では、牙だけに用事があるという。ちょうどこれを比較されたような気持ちがする。仏さんもなかなか隅には置けんと思う。

お袈裟の功徳

私は声が好いというので、古参の者よりお布施を余計にもらったもんだ。こっちも得意がっていたもんだが、今考えてみると、これじゃまるで歌唄いか、チョンガレ節《ぶし》語《かた》りみたいなもので、はなはだバカにされていたわけである。それを自分では本当に帰依されていると思っている。また、あすこが良い、ここが好きであるなどと言って、見せ物扱いの好き嫌いで、お経を読まされたりお布施を余計もらったりする。飯でも炊いて食わせると何か非常に帰依されているとうぬぼれる。しかしこれは大間違いだ。お袈裟が帰依を受け、お袈裟に帰依するというのでなければ本当じゃない。

私は人間にしたら、まったくヘチャです。男前がよくて帰依されるんじゃない、坊さんの言うことが本当に好きなのじゃなくて、お袈裟に帰依するのです。

大久保彦左衛門が三代将軍の前に出る時には、権現様の頭巾を懐中に入れておいた。今日は一つ、悪口を言うてやろうと思うたら、いよいよというところでこの頭巾をかぶる。そうすると、三代将軍も、権現様のお頭巾だから、ヘェーッと頭を下げる。そうしておいて、彦左衛門は思うさま雑言をならべて、それから頭巾を納めて、こんどは下にさがって、へへへェーッと手をつき、只今の御無礼の段々平《ひら》に御容赦を……てなことになる。

あれと同じことだ。私達も、頭剃ってお袈裟をかけたら、村長さんがいても、代議士がいても、構わない、一ばん上座へ行って坐るのである。その代わり、お袈裟はずしたら一ばん下へ行って下駄でも揃えるよりしようがない。私はお袈裟に対しては、こういう信仰を持っているんです。

私達にとって、お袈裟こそ仏の本体である。阿耨多羅三藐三菩提《あのくたらさんみやくさんぼだい》である。実に尊いものです。もし仏教の中にお袈裟というものがないならば、坊さんと在家との区別がつかぬ。またその間の微妙な関係もなくなってしまう。

九州の方に行くと、「猫、バカ、坊主の高上《たかあ》がり」という言葉がある。なるほどそうではあるが、同じ高い所に坐っていても、お袈裟をかけさえすれば猫とも違う、バカとも違う、実にお袈裟はなんとも言えぬ尊いものである。

かくのごとくお袈裟を信じ、お袈裟を頂戴し、お袈裟に仕える。これが我々の安心でもある。

お袈裟の伝説についても日本にはたくさんある。どこそこの権現さん、何々明神はお袈裟を授けられたとか、いろいろの話が伝わっている。

そもそも我々がお袈裟の研究を起こすというのも、古い仏像でないといかん。少なくとも奈良朝から遡らなければダメです。お袈裟に環のついているのは、本当のかけ方ができない。

そんなことも、みな仏像の研究から起こるのである。つまり、仏さんと一緒になりたい、仏さんになじんで、仏さんに近づきたい、あやかりたい、こういう信仰の誠から出発してお袈裟の研究が生まれるのである。

道元禅師様は、『正法眼蔵』袈裟功徳の巻において、

「われら辺地にむまれて末法にあふ、うらむべしといへども、仏々嫡々相承《ぶつぶつてきてきそうじよう》の衣《え》法《ほう》にあふたてまつる、いくそばくのよろこびとかせん。いづれの家門か、わが正《しよう》伝《でん》のごとく釈尊の衣法ともに正伝せる。これにあふたてまつりて、たれか恭敬供養せざらん。たとひ一日に無量恒河沙《むりようごうがしや》の身命《しんみよう》をすてても、供養したてまつるべし」

と仰せられて、正伝の袈裟の有難さをお示しになったが、それだけまた研究を進める

と、面倒になって一朝一夕のことでは出来ません。色の染め方、裁ち方、寸法、紐のつけ所、お袈裟の構造についてもいろいろの研究が起こってくる。それから先は縫い方まで入るのであるが、それは専門的になるから、ここではこれだけにしておきます。

触処生涯随分足

最高の生活態度

「触処生涯随分足《そくしょしょうがいぶんにしたがってたる》」という意味についてお話しましょう。これは宏智禅師《わんしし》の『従容録《しょうようろく》』にありまして「未不如伎倆人《いまだぎりょうのひとにしかざることを》」と続くのであります。よく世間では人間が偉うなるとか、月給が多くなるとか、位が高くなるとか、兵隊ならば星がたくさんつくとか、そういう考えがあるけれども、仏教から見ると「触処生涯分《そくしょしょうがいぶん》に随《したが》って足《た》る、未《いま》だ伎倆《ぎりょう》の人に如《し》かざることを」、つまり技術が及ぶの及ばないのというのではない。自分が自分というものにいつも落ち着きのあることである。どこでもバタバタせずに、自分の現在の個々の境遇にどっしり落ち着いて、そこに最上最高の満足があるというのが禅で、これが真の安心であると思う。

勝負をやるにしても、勝って調子づく、負けて泣くという。これはどちらにしても賞《ほ》めた話ではない。負けても勝っても、そこに銘々自分の有る限りの本分を尽くして、できるだけのことをした以上、そうバタバタしない。鼠が溝《どぶ》に入ってバタバタして鼻先をぶっつけ、眼が眩《くら》んでまごまごしていると、子供に尻尾を捕えられてなぶりものにされて、まだ生きていると、猫を呼んで食わされてしまう。私はあの鼠のようにバタバタして一生を終わる人が多いと思う。私がもし鼠ならば、あの小溝に入った時から坐禅してやる。そうして水の中につけられようが何されようが、猫が来ようがウンと構えていたら面白いだろうと思う。

これについて思い出すのは、先年、早稲田大学の剣道部の選手が優勝しましたね。あの時の話を私は聞いたが、負けた方は口惜しくてもう泣きかけていた。ところが勝った方は済んだ者から順に静坐して、勝ってしまった時には全部静坐してしまったそうです。負けた者がワーッと泣きかかるところであったが、ふとそれに気がついた。そこで、たちまち負けた方も、みなじっと坐ってしまった。勝った方も調子づくことを忘れ、負けた方も鬱憤を忘れ、両方ともじっと坐っておった。それが全国から集まっている幾多の青年に感動を与えたというのですね。まことに立派だったそうです。早稲田は断然勝ってシャンとしておった。負けた方は泣きかけたけれども、そいつもシャンとしておったというところが非常に面白いと思います。これを内務省の人に話したところが、こんど全国の警察官が集まって来て武道の試合があるのだが、そういう気持ちをみなが養ったらよいがなあーと感心しておりました。

それからまた、こういう話も聞いた。先年水戸の高等学校が負けたんやそうな。勝った方はゴチャゴチャしておったが、負けた水戸高校の選手は全部シャン、シャンとしておった。負けた鬱憤も忘れ、泣きもしないでじっとしておった。それで剣道部長が呼ばれて、負けながら、かえって褒美をもらって来たそうです。非常に立派な態度だったのです。

かつて私が熊本にいたとき大徹堂《だいてつどう》という禅道場をやったのですが、それに倣《なら》ってこの剣道部長は、寄宿舎の風呂場を造り変えて、大徹堂と名をつけ、そして大徹会というものをつくって、年一回ずつ「大徹」という謄写版刷りの会報を出し、同人が好きなことを書いている。このくらいに坐禅に熱心な部長です。それですから試合なんていう場合、板の間であるから坐禅はできないけれども、とにかく、負けても勝ってもバタバタせずに、ドッシリと落ち着いていた。

そこが日本人の日本人たるところです。あまり勝ち負けに拘泥《こうでい》しない。表面の勝ち負けの底の底にあるものに心を置いている。日本人の気持ちには、神ながらの道というものはあったに違いないけれども、どんなことがあっても動かぬように、奥底までの力をこしらえ上げたのは、やはり仏教であると思う。

禅というものは便利なもので「教外別伝不立文字《きょうげべつでんふりゅうもんじ》」だ。禅は何をするのか。何も要らん。人の真似をせんでもよい。決して人真似なんかしてはならぬ。自分の本当のことを為《せ》い、こういうのが禅である。人真似をするのでない。正席《しようせき》の人が芋を転ばしたから、おれも転がさんといかんかな、というのではない。昔からある永遠の真理を常に新しく工夫して行くのが「教外別伝不立文字」である。だから禅の悟りというものは自己の生活態度――、今日は今日の生活態度、明日は明日の生活態度――をはっきり見つめて行く道である。

道元禅師の御文章の中に「洗浄《せんじよう》」の巻というのがある。この中に便所に行った時の態度が書いてある。私は道元禅師の御文章は実に行き届いていると思う。一々明確に書いてある。『典座教訓《てんぞきようくん》』は飯炊《めしたき》の道である。それから「洗面《せんめん》」の巻、これは他では滅多に書かないことである。顔を洗うのはどうしたらよいか、ちゃんと生活法を指図してある。そうしてそれを最上最高の深いものに進めて行く。つまり形の上から精神を修養して行く。実に道元禅師は、一刻も我々に安閑と油断をさせないよう、キュッキュッと伸展させて行くように、生活の上にいつも工夫するように我々を教訓せられたと思います。

要するに道元禅師は、いかなる生活においても自己を見失わんように指導して、いかようにでも働いて行けるところの教訓をせられた。例えば『典座教訓』に示された飯炊の道でも非常に広大無辺の飯炊である。あるいは洗面というけれども、顔を洗うことが非常に微妙な用事なのである。宗教は生活であるということと、また宗教は理念ではない、頭だけの手品ではない、実際することであるということを、いかにも道元禅師によって教えられ、導かれ、具体化されていると思うのであります。つまりいかなる生活においても、自己の最上最高の生活態度を見失わぬように工夫すること、これが道元禅師の御宗旨であると思います。

心の歪《ひず》み

我々は自己というものと我執というものとを間違えるものだから、よく個人我《が》というものに瞞《だま》される。「大風吹いて桶屋《おけや》の娘が喜ぶ」という話がある。大風が吹くと埃《ほこり》が立つ。埃が眼に入れば眼を患う者が多くなる。そうすると盲人が多くなる。盲人は按摩さんか三味線引きになる。したがって、三味線が多く売れる。三味線が売れれば猫をたくさん殺す。猫がいなくなると鼠が増える。鼠が増えれば桶をかじる。そこで桶屋が繁昌し娘が喜ぶというのである。これは我利《がり》我利《がり》亡者《もうじゃ》である。

ある所に、二人の息子を持っている母親があった。一人は雪駄屋《せったや》で、一人は傘屋《かさや》である。そこで母親は毎日々々心配している。「こんなに天気が続いたら傘屋をやっている悴《せがれ》はさぞ困っているだろう」。雨が降り続くと「こんなに雨が降っては雪駄が売れないで、あの悴は困っているだろう」。それで煩悶が絶えなんだという話がありますが、ここに一つ大事なことは、この手前味噌を超越して自分の虫のよい考えを捨てることです。天桂《てんけい》和尚は「悟りというは眼の鞘《さや》はずして見たるがよきじゃ」と言ったが、まさにこれですね。昔の人の言うことは率直な言葉で面白い。それから宮本武蔵の『五輪書』というものがあるが、その空の巻に「其身々々の心の贔屓《ひいき》、其眼々々の歪《ひず》みに依りて」ということがある。他の巻はいろいろ形に現われた、いわゆる兵法の話ですけれども、空の巻は最も面白い。武道家がよくこういうことを言ったものだと思う。

「其身々々の心の贔屓、其眼々々の歪《ひず》みに依りて」——誰でも自分の贔屓があるから、そう自分の顔は悪い顔だとは思っておらん。持ちなれているから私の顔は良いと思っている。「其身々々の心の歪みに依りて」で各々の眼が歪《ゆが》んでいる。虫のよい考えを持っている。傘屋の親爺は雨が降ればよいと思っているし、雪駄屋の親爺は天気が続けばよいと考えている。だからその歪《ひず》みによって考えているから、各々虫のよい考えばかり持って、かえって自分の考えのために瞞される。

昔の歌に、

手を拍《う》てば下女は茶を酌《く》む鳥は立つ　魚は寄りつく猿沢《さるさわ》の池

というのがある。ポンポンと手を叩いても、聞く耳によっていろいろと違う。手が鳴ると下女はまた呼びやがったな、うるさいと思う。そりゃ茶だというのでお茶の用意をする。鳥は驚いて飛び立つ。魚はまた何か餌をくれるのだろうと寄って来る。

この違いは何によって起こるかというと業《ごう》によって起こる。業とは勢力ということです。ここから球を投げる。すると投げる人の圧力と、空気の抵抗と球の重量との差し引き勘定だけ飛んで、孤を画いて球は落ちる。これが勢力である。鉄砲の引金を引いたとすれば、火薬の力から弾丸の重さと空気の抵抗とを差し引いただけ飛ぶ。空気の抵抗と地球の引力がなければ弾丸はどこまで行くか分からない。つまり差し引き勘定だけ行くわけである。これが業《ごう》である。

この我々の顔の恰好も業である。我々兄弟の顔は同じような形にできているが、業が違うから多少違う。それから私は達磨さんの真似ばかりやっているので顔が達磨さんに似てきた。私の姉はそう達磨さんに似ておらん。それは達磨さんの真似をしないからです。この我々の行為がまた業であって、この業によって違う業がまた起こるわけであります。

捉《とら》われるということは我々の持っている業による。そこを観ることができないものだから、泣く者もあれば笑う者もある。喜ぶ者もあれば居眠りする者もある。いろいろな業によっていろいろな形ができるわけであります。

瞞されるということは自分というものを見失うことである。この業によって自分を見失うから迷うのである。

お前は何じゃ

「お前は何じゃ」「おれは何じゃ知らん、何じゃ知らんけれども、人がこうやっているから、こうやっているのじゃ」。

これでは、まるで自分が社会の人間に浮かされて、自分というものが何もなくなってしまう。人があんな物を食べているから私も食べたいなあ。自分が食べたいのじゃない。世間の人間に瞞される。あの人は活動を見に行った、私も見に行きたい。あの人があんな着物を着た、私も着たい。たいがいの人がこうである。私のように人のしていることを真似しないと変わり者だと言う。私は人の真似をちょっともしない。徳川時代と同じ風をして、徳川時代と同じ食い物を食っているので、人が変わり者だと言う。熊本ではこれを「ちょっとちごちょる」と言う。私がちごちょるのじゃない。自分の好きなようにしているのであるが、それをちごちょると言う。他の者と一緒にワイワイ言って、人が好きだからおれも好き、お前が欲しがるから、おれも欲しいというのが普通である。私は人が欲しがろうが欲しがるまいが、私の欲しがるものだけ欲しがる。こういうように工夫してきた。またそうすることが本当だろうと思う。

学者になりたいと思って学問している手合いがあるが、本当は学問がしとうてしているんじゃない。あれは試験の準備、学校へ入る準備をしているのである。学問は嫌いだけれども、学校へ入って、大学を卒業して、肩書をつけなければ良い嫁さんが来なくて都合が悪い。ただ世間並みの肩書が欲しいという、えらい矛盾を今の青年はみな持っているのじゃないかと思う。学問が嫌いだったら仲仕になるか、よいとこしょになったらよい。だがこれも嫌い。また親というものが、子供を間違いだらけの世間と一緒にさせようとする。世間並みに、ずっと一列横隊で進ませようとする。もし一列横隊は嫌だという息子ができたら、気の早い母なぞは泣き出してしまう。

私らのように親のない者は幸福である。自分の好きなことをやっていられる。私の姉なぞはよう泣いたです。私が汚ないなりをして、今時分《いまじぶん》あまり流行《はや》らん頭陀袋《ずだぶくろ》を提《さ》げて、穴のあいた饅頭笠《まんじゆうがさ》を冠《かぶ》って、破れた脚絆《きやはん》をはいて家に寄ったのです。それも若い時ならいいが、四十代のいい年になって行ったんです。すると姉は「あんたは一体何ちゅうことだ。近所へ恰好《かっこう》が悪いから来てくれるな」と言って泣くんです。人並みのことをせんと女は泣く。人並みに坊主になって、紫の衣を着て、大きな寺の住職になって、管長候補者とか何とか言われて運動でもボツボツやっていると、「うちの弟もそのうちに管長になれるのです」と触れて歩くかも知れん。しかし世間並みに、世間の気に浮かされて大学に入ったり、世間並みにしたところが、それが本当に私は自分の幸福じゃないだろうと思う。自分の幸福というものは本当に自分の生活を見きわめて行くことで、自分の最上最高の幸福というものは銘々別々じゃと思います。

倭子戯《わいしけ》を見る

私も若い時には金儲けをしようと思ったこともある。ところが金のない人を見ると、私は思いきりよく品物をただでくれてやった。これでは商売にならん。こんなことをするよりも何とかしなければならんと思うて、とうとう坊主になってしまったのですが、まだ根性が悪いから良く思われよう、思わせようとした。お前はおれを好きやと思え、おれは好きじゃないが、そう思えという心持ちがあった。これじゃいかん。『荘子《そうじ》』か何かに「倭子戯《わいしけ》を見る」というのがある。倭子は背の低い人のことである。戯というのは、浅草とか天王寺辺りで中国人が人を寄せて、いろいろ面白いことをやって、ワッと人を笑わせて銭をしぼるやつで、これは中国にも日本にもある。背の低い者は見えやしない。自分が見て面白いから笑うのじゃない。人が笑うから笑う。どっと人が笑った時にハハハハハと笑う。腹の空いたような笑い方である。人が手を叩くから自分も手を叩く。群集心理で動いている。議員に賛成議員というものがある。自分の意見はないが、ただ「賛成々々」とやっているだけである。これらの皮肉を言ったのが「倭子戯を見る」である。面白いと思って自分が笑うのはよいが、人から人気で笑わせられているのは情けない。そこで人間は倭子戯を見るをやめて、確実に自分を見つめて、自分の生活態度をしっかり見て、どっしり足を踏みしめて、本当の自分の幸福を自分で発明するのが悟りというものだろうと思う。

人から結構やと言われて結構やと思う。何が結構か分からない。私は早く親に離れたから親類の厄介になった。ところが親類の者は「子供があるとこれやで、かなわん」とブツブツ言った。私は子供心に生まれたからかなわんのかと思った。間もなく伯母さんが子を産んだ。親類の者が赤飯を御馳走になって、みな祝っている。私はかつて自分に言われた通りに「親が死んだ時には困るでなあ」と悔みを言ったら、伯母さんは「一体あんたは縁起の悪いことを言う。うちはお前の所のように子供を置いて死なんからよいわいなあ」と怒ったことがあった。ところが実際は分からない。子が生まれたのがめでたいのか悲しいのか、そんなことは二、三百年ぐらい考えなければ分からない。そいつをいい加減にざっと見てしまう。

加賀千代女《ちよじょ》の句に、

渋かろか知らねど柿の初ちぎり

というのがある。嫁入りということが幸福なことか不幸なことか分からない。柿も食ってみなければ渋いか甘いか分からない。渋くて食えないか、甘過ぎて解けてしまうか知れない。また腹をこわすかも知れない。どんなものがよいか分からない。おいしい物なら良かろうと思うとそうでない。西洋でも誰かおいしい物を食べては天国へ行けないかも知れんというので、灰をつけて食ったという話があるが、明恵《みようえ》上人もある時、おいしいものをちょっと口にして、こんなおいしい物を食っては煩悩が起ると言って、障子の桟《さん》の埃《ほこり》を取って交ぜて食べたため、虫が納まったという話がある。

最後の満足

禅というものは、いつでも精神が戻ってくることである。前の、回光返照のところでも話したように、道元禅師は「言《こと》を尋《たず》ね語《ご》を逐《お》ふの解行《げぎよう》を休《きゆう》すべし。須《すべか》らく回光返《えこうへん》照《しよう》の退歩《たいほ》を学すべし」と仰せられている。退歩は自己を見ることである。反省することである。学者の言うことは、腹のふくれぬ牡丹《ぼた》餅である。見せびらかして、そいつを大切そうにしている。そういう気がする。一向腹がふくれぬ。「既成宗教は、分かりもせぬことを言葉の概念だけで分かったような顔をしている。自分は分かってはいない」と誰やらが言ったが実際ですね。「回光返照の退歩を学すべし」で、自己の生活は何かということをしっかり見つめなければならぬ。ただいたずらに喜んだり悲しんだりすることは間違っている。御馳走をよばれることが、結構なことやら結構でないことやら分からん。あまりえらい御馳走を食うたら悪魔がおれを誘惑するかも知れん。腹をこわすかも知れん。まずいものを食っている時には滅多に腹はこわさん。悪魔が、御馳走をおいしい、おいしいと思わせて食べさすのかも知れん。そこで腹をこわしてしまう。大いにお酒をよばれて、二日酔いするほど酔わされる。悪魔が手を回わしてそうせざるを得ないようにするのかも知れん。

こういうように我々はいつも回光返照の退歩を学すべし、自分自身にお前はどうだというように咽喉首《のどくび》を締めてギュッギュッとやる。頭でするのでなしに、我らの生活の一ばん奥底からしっかと工夫して行くのが私達の生活だろうと思います。それが禅の工夫というものです。

ところがいつも対象と組み合っているのが人間で、「くそっ、あんな奴に負けてはならん」「くそっ、あいつには負けんぞ」と言って坐禅する。これはいくら頑張ったところで、相手を対象としてのことで何にもならん。私も若い時分には夜も寝ずに、ろくな物も食べずに、栄養不良になって神経衰弱になってフラフラで学問のために寝食を忘れたものである。それが「教法のために寝食を忘れる者は珍らし」という文章を読んでペシャンコに押し伏せられたような気がした。

学問をするということには対象があるから頑張れる。また人間には見世物根性があるから人が見ていると頑張れる。師匠を感心させるようにせんならんとか、友人に見せんならんとか言って頑張る。ところが誰も見ておらん場合に、自分自身のために頑張れということになると、なかなか頑張れない。銭をたくさんくれる者には、なおたくさんくれるようにせんならんし、女を見れば女に好かれるようにせんならん。とにかくこういう対象があれば頑張れるのである。しかし頑張った後は淋しくなる。結局、自分は満足できない。最上最高の宗教的な、本当の自分の満足は、この人間の臭皮袋《しゅうひたい》を引き剝《は》いでしまって、宇宙と自分とが一つになることである。この臭《くさ》い皮袋を満足させることは、我々赤ん坊の時代から努力しているのである。しかもこの皮袋は人間の仮のサックにすぎない。このサックを引き剝《は》がして宇宙と自分とをぶっつけて行く、それにはウンと坐らなければダメだ。そうして宇宙と一つになった自分、本当に肚《はら》ごたえのある生活をしっかり踏みしめた時に嬉しいと言えば嬉しい、気持ちがよいと言えば気持ちがよいのである。

自分だけこっそりとうまいことをして、うまいことをやったぞと思っても、心静かに真面目になった時には、まことに良心が咎《とが》めて気持ちがよくないに違いない。

ある時、良寛和尚の所に泥棒が入った。ところが何も盗る物がないから泥棒は呆気《あっけ》にとられて見ておったが、さてこうなったら良寛の着ている蒲団を剝ぐよりしようがないと思った。さて良寛の方でもこんな所に入ったところで持って行く物もない。この蒲団でも持って行くだろうと眠ったふりをしていると、泥棒はそろっとその蒲団を剝いで持って行ってしまった。良寛は足音が遠ざかった時分、もう宜《よ》かろうと思って、大きなくしゃみを一つして起き上がったところが、お月様がぴかりと窓に映っておった。その時に、

盗人《ぬすびと》に取り残されし窓の月

と詠んだ。私はそういう気持ちだろうと思います。自分と宇宙がぶっ続きの状態である。

本当の安心

ところが、それ後生大事だ、自分だけ何とか助かりたいと、「西に聞こえる阿弥陀

の来い来い、東に聞こえるお釈迦の行けよ行けよの呼び声……」につられて極楽につめかける。停車場の改札口へ押し寄せるようなものだ。そこで、「降りる方が済んでからお乗り願います」といつも車掌に注意される。私はあの押し合いになったところが本当の淋しいところであると思う。また「己《おの》れ未《いま》だ度《わた》らぬ先《さき》に衆生《しゆじよう》を発願済度《ほつがんさいど》すべし」と自分は行かず、自分だけ朝寝している、人だけを坐禅させようとしている者がある。これが仏教の堕落する原因である。だから和尚は「若い時だ、しっかりやれ」と言っている。小僧は「おれもあの年になったらやろう」と両方から割引きする。これが仏教の衰えるゆえんである。坐禅はいつもたった一つの一ばん大事なものを見失わぬよう、自己を見失わぬよう、すなわち自己に親しむで、しかも宇宙とぶっ続きの自己を発明し、その自己を見失わず、本当の自己を見ることである。これを無量寿経には「汝《なんじ》自《みずか》ら当《まさ》に知るべし」とあり、大日経に「実の如く自身を知れ」と言うてあるのがこれであろう。これこそ我々の一大事の因縁であり、一ばん大事なことである。

金なんぞは人に持たせておけばよい。私はいつもそう思っている。金は人に番させておく、金持ちは私の事務員だと心得ている。私の食う飯だけは用意しておいてくれる。なにも別に二人前も三人前も食うわけではない。それに米俵の一万俵も持っておらなければならんということは金持ちもなかなか厄介なものである。金とか地位とかいうものは結局なにもならん。ある時に東郷さんが日本で一ばん偉いでしょうと子供が言ったので、「東郷さんより、おれはどうだ」と言ったが、子供には分からない。もう一つ「お前は——」と言ったが、なお分からない。分からないのが当たり前である。または宮中の一ばん上席に坐れる人だから一ばん偉いと言う。そりゃ芝居だって同じである。東郷さんの役をやる者が一ばん偉いということになる。しかしそれは宗教的な観方じゃない。稲荷さんの次の役になったところで別に大したものでない。

我々の本当に安定する安心というものは、自分というものが本当に分かった時である。自分の本当の生活態度がギュッとして、それを見失わぬ、そこに安心があるわけであります。

「お前は何じゃ」と言ったところが、「おれは月給八十円」——八十円で終《しま》いである。「お前は何じゃ」「われこそは近くば寄って眼にも見よ、遠からん者は音にも聞け」と言うたところで、それでお終いである。肩書があれば肩書があるで終い、銭があれば銭があるで終いである。しかしこれを突きつめて「お前は一体何じゃ」、そのお前が、そのおれが、仏さんと言われるのである。仏さんと続きのお前であり、おれである。

この仏さんとちょっとも隔てておらぬ自分を見出すことが悟りである。蘭渓《らんけい》和尚の言われた「諸仏衆生平等之自性也」で、仏と自分と一緒である。これがものにならなければ安心とは言えぬ。

安心とは聞くもの、耳で聞いて頭で考えるものと言う人がある。――そんなものは決して安心じゃない。それは心配だ。

安心と心配

大和国に安心について面白い話があります。ある中年の尼さんがある和尚さんの所へ行って、「私もせっかく尼になったのです。安心を得させて下さい」と言った。その和尚は咽喉の所に瘤《こぶ》のある羅漢さんのような老僧です。「お前のような若い者が今から安心して一生楽《らく》しようと思うのか、おれは七十にもなってまだ心配しておるじゃないか、このなまくらな」と叱り飛ばされたということである。尼さんびっくりしてしまった。世間の人間は、安心というものを同じ改札口に持って行かねばならんように思っている。この老僧なかなか面白い。そうすると本当の安心は、一生懸命心配して努力して、自分を見失わんように工夫し、一歩々々、ギュッギュッとやって行くことである。

人間は怪体《けったい》なもので、力を出し吝《おし》みすることがえらい好きである。金持ちはなるべく金を出さぬよう、力のある者はなるべく労力を出さぬよう、親譲りの金で楽をしようとばかり考えているから阿呆になる。頭のよい物憶えのよい者は、本当の力を出さないで通用させて行く。器量《きりよう》のよい者は器量でごまかしてやろうと考えている。我々のように器量も悪いし金もなし、物憶えも悪し親もなしという者は、正味を出すよりしようがない。私はその意味において有難い。何が幸福と言っても全部正味を出せるという境遇にいるくらい有難いものはない。これが一ばん有難い。そうすると安心、不安心ということは、まるで相場を狂わせて今までの物は全部組み替えなければならん。いつも骨を折って、いつも油断なくギュッギュッとやって、いつも地に足がついて、初めてそこに安心が見出されるのである。同じ安心という名前でも大変内容が違ってくるわけである。だからどんなことが人間の幸福であるか、どんなことが人間の不幸であるか、そんなことは決まりのないわけである。

売茶翁《ばいさおう》の自警の偈に、

貪レ栄万乗猶無レ足　（栄《えい》を貪《むさぼ》りて万乗《ばんじよう》も猶《なお》足《た》ることなし）

退歩一瓢却有レ余　（退歩《たいほ》すれば一瓢却《ぴようかえ》って余《あま》り有《あ》り）

「栄を貪りて万乗も猶足ることなし」。秦の始皇帝《しこうてい》は、中国一国を統一して、万里の長城を築いた。ちょうど栄螺《さざえ》が大きな殻をパチンと閉めたのと同様である。万里の長城を築いてもなお安心できず、そのうえに不死の薬が欲しかった。「退歩すれば一瓢却って余り有り」、これは顔回《がんかい》である。顔回はわずか二十歳かそこらで頭の毛は真白であった。おそらく栄養不良だったのだろう。そして肱《ひじ》を曲げて枕とし、一つの握飯と一瓢の水を飲んで、やせ我慢かなんか知らんけれども、「楽しみこの中にあり」と澄ましていた。ちょっと今時分の若い者から見るとやせ我慢に見えようが、顔回はそこに安心を得たわけである。顔回に安心があり、秦の始皇帝に心配がある。そうするとどこまで行ったら安心があるのか、どこからどこまでが心配なのか、ちょっと分からない。どこにも安心があるし、どこにも心配があるわけである。どこからどこまで行ったら安心というものではない。信仰という世界では、そこが水際立《みずぎわだ》ってはっきりとしている。

これは大学ポッと出の三十円の月給取りが、「おれもなあ、せめて五十円になったらなあ」と言う。それが五十円になる。するとまた「せめて七十円になったらなあ」

と言う。七十円になったら子供が二人もできている。まだ足らん。それが百円になったところで交際費が多くなってやはり足らん。もうそれでよいということはない。その止まることを知らなければ涯《はて》しがない。その涯しがないのが流転煩悩である。それは人に使われていると分からないが、人を使ってみるとよく分かる。

一人前になりきる

人を使うてみると流転煩悩がよく分かる。例えば和尚は小僧が忙しい忙しいと言って掃除しているのを見て「なぜそのように急ぐか」と言う。小僧は早くすまして遊びたい。休息したい。これは何物に追い回わされているのか。今日することは今日したらよい。二人前のことをしないでよい。それだのに雪隠《せっちん》の中で小説を備えつけて読んでいる者がある。ついでにお膳を持って入ったらよい。二人前三人前をせんでもよい。一人前でよい。

私は子供の時に坊主になったが、真宗の人が「澤木さんは自力の坊さんになった。こういうやすいお念仏があるのに、この忙しい世の中に仕事を止めて坐っていなければならん。私らの宗旨は仕事をしながら、道を歩きながら、お念仏さえ申しておれば助かる。たばこ屋の婆さんはたばこの店番をしながら、縫い物をしながら、お念仏申しておれば助けていただける。まことに有難い。三人前勤まるのに……」と言うた。そこで私も坐禅しながらコヨリをこしらえた。これはどちらも本物にならん。禅の安心は一人前になりきることである。すなわち自分が自分になりきり、和尚が和尚になりきることである。和尚になってみると「自分ももう少し若かったらよいけれども……」とこう思う。若い小僧の時には「おれも和尚になったら毎晩酒を二合あて飲んで……」とこう思う。そこで流転するのである。どこまで行っても流転する。年寄りは「若い時はよいけれども、おれのように年寄っては……」と現在を空《くう》にし、また若い者は「今に見ておれ、大きくなったら……」と言って、現在を空にしてしまう。

そうでなしに現在を充実することが修行である。今日という日を充実して行くのが仏道修行である。今日を見失わぬ、今を見失わぬ、自己を見失わぬ。ここを見失わぬように、よく踏みしめて行くことである。そうすると工夫とは、この生活するところを見つめて、早く掃除してしまおうと急《せ》くことではない。掃除をすることそれ自体が修行である。便所に入るのも、御飯を食べるのもこれが修行である。道を歩くのも修行である。指月禅師《しげつぜんじ》は「出息《しゅつそく》は出息の独尊仏《どくそんぶつ》、入息《にっそく》は入息の独尊仏」と言った。出る息は出る息、入る息は入る息、それが禅の出る息であり禅の入る息である。よく禅坊主が宇宙を吐き出して……と言う。別に大きな顔をしてやる必要はない。ソロッとやっても宇宙を吐き出している。スッとまた宇宙を吸い込んでいるわけである。ところが人間は、これを早くして終《しま》って、あれをしよう、その次にはあれをしようと準備している。娘は娘だけで満足できない。安心が定まらない。嫁さんになったら安心が定まるだろうと思っている。二十二になるお嬢さんに「あなたはお幾歳《いくつ》ですか」と言うと、「もう婆ですわ」と言う。これは「まだ買い手がつきません」という別な言葉である。娘には娘としての安心がなければならぬ。安心のない者が次にもらい手があったところで安心が定まるものではない。

一歩も浮き足なしに、娘は娘で安心がなければならぬ。小僧の時は、和尚になる準備でなしに、一歩も浮き足なしにただ小僧をすべきである。ところが小僧は和尚になる準備のような気がする。学生時代に学問するのはただ卒業の準備、ただ肩書の準備のような気持ちがする。そこでただ物を憶えるというだけで、学問に腹ごたえがなくなってしまう。これではいけない。禅の修行というものは今ここで息が切れても満足であるという、生活をギュッと見つめたものでなければならぬ。

群を抜けて益なし

『大清規《だいしんぎ》』の弁道法《べんどうほう》に「群《ぐん》を抜《ぬ》けて益《えき》なし」ということがある。道元禅師の御宗旨を参究しようとすれば、この弁道法を中心として考えねばならん。が我々平常《へいぜい》学問をする亡者というものは、群を抜けよう抜けようとしているのである。私も長い間の修行というものが、これで無駄だったことに気づいた。いつも相手を置いて努力している。世間でいえば商売敵《しょうばいがたき》である。商売敵というやつは随分悲惨なものである。

ある所に一軒おいて隣に自分の所と同じ商売敵があった。それが邪魔でならぬ。あいつ早く死ねばよいと思っている。この主人の心持ちを知っているそこの職人が金を二、三百円先借りしていたが、それが払えないところから何とか方便しなければならんと考え、ある時、一ヶ月も二ヶ月も留守にして久し振りで戻って来たが、なんと白装束でやって来た。なかなか考えたものである。そして自分は神おろしの修行をして来たと言って、なに、ただお祓《はら》いを一つ二つ憶えて来て、「高天原《たかまがはら》に在《おわ》します神様……」とか何とか言って、そこの爺さん婆さんの気に入ることを言った。ちょうどおかしいことには爺さんが喘息か何かでゼイゼイやっていた。そこで早速神おろしをした。「この病気はどういうものか」と爺さんが訊いた。「それは生霊《いきりょう》じゃ」「生霊はなんでしょうか」「そちらの同職じゃ」「その同職は一体誰ですか」「そちらの一軒おいて南々《みなみ》……」。それが非常におかしい。いろいろそんなことをして爺さん婆さんを興奮させて、ついには向こうでも神さんを祈っているから、こっちでも一生懸命に祈らねばならんといって水をかぶって見せて、朝から酒肴《さけさかな》で御馳走を作らせて、夜は夜通し神様にお籠《こも》りに行くと言って家を出た。金も要るというのでたくさんの金を爺さん婆さんからしぼって、神様ならぬ遊廓に毎晩行きよる。そうして終いには「これは相手を毒殺しなければならんと神様がおっしゃる」と言う。「しかし相手へどうして毒を盛るか」と爺さんが心配すると、「それは代人に委《まか》せよとのお告げだから、代人に委すとして三百円やらねばならん」と、その金を捲《ま》き上げてしまって、うどん粉で三服毒薬をこしらえた。

さあ、これからがなかなか骨が折れる。「これをどうして先方へ飲ませるか、策略があるのだ」と、一日それを神棚に供えて、自分は夜は遊廓に行きよる。そのうちに、とうとう、息子がこれは変だと気付いて尾行《びこう》して行ったら、神様へは参らずに女郎買いに行った。それから親類の巡査を頼んで、廓《くるわ》の帳面を調べてもらったら、毎晩行っている。そこですっかり化《ばけ》の皮が剝《は》がれてしまった。それで爺さん婆さんはとうとう狂い死《じに》で死んでしまった。人間というものは何というバカなものか、実に哀れなものであります。けしかけられて一つ興奮させられたらバカになってしまう。そうして自分の身一つを見失ってしまう。まったく話にならん。

だから我々が坐るということは、どうしてもどっしりと腰を据えて、自分というものをじっと見つめねばならん。「波静かならねば海底の球探《たまさぐ》りがたし」という言葉があるが、波風が納まらなければ海の底に球があるかどうか分からない。

消えた提灯

昔、ある盲人が夜、他所《よそ》へ出て行くのに「ちょっと、提灯《ちょうちん》を点《つ》けてくれないか」と言った。「お前目も見えないのに提灯が要《い》るかい」と言われると、「いやおれはよいがね、目明きに不都合な奴がおって時々ぶっつかるから、目明きがぶっつからない用心に持って行くのだ」「それもそうだね」というわけで、提灯を点けてもらって、杖を振り回わしながら歩いて行った。案の定、一人の威勢のよい男がドッドッとやって来て、ドンとぶっつかった。「このマヌケ、この提灯が見えないか」と提灯を突き出した。ところがあいにくその提灯が消えている。「なんだ、消えているじゃないか」と言われたという話がある。消えているような提灯を振り回わしておっても何にもならん。消えた提灯を振り回わしているようなお父さんの意見は息子さんが聞かないに決まっている。お寺で消えた提灯を振り回わして説教しておっても、聴きに来る者がないに決まっている。私の知っている人が、「どうもおれは、ただで講演しているのに一向聴こうとせん」と言っている。消えた提灯を振り回わしておっては、時間つぶしになって、それだけ邪魔になるから聴きに来んのは当たり前である。マヌケ呼ばわりをする前に、自分の提灯が点いているかいないかを見なければならぬ。これがすなわち「回光返照の退歩を学すべし」である。

もう一つ提灯について話してみると、物を探るに用いる提灯、無明の闇を照らす提灯がある。また提灯を振り回わしながら、ただ一生自慢声で怒鳴り通して終わってしまうという人がある。学者とか徳者とかいうが、学者も本箱の中の学者があり、徳者も缶詰《かんづめ》の徳者がある。なんでもない話である。棚の供物のような徳者は一向世の中には通用しない。また修養家というものがある。提灯を点けたら実行しなければいかんというので、「それ行け」とばかりに尻をまくって走ったという。ところが足元《あしもと》がお留守なのでローソクは飛ぶ、提灯は破れる、向脛《むこうずね》をしたたか打って、とうとう真っ暗がりで夜の明けるまで動けなかった。この提灯を持ったならば、一歩々々踏み外さぬよう、水の中に踏み込まぬよう、ローソクを消さぬよう、提灯を破らぬよう、順々に踏みしめて行くがよい。後ろの方へ見せてくれ――よし見せてやろう。これは後輩の指導である。前の方へ見せてくれ――はい、さあ見えますか、これは先輩と道連れになって行くのである。そうすると、自利利他ということは、この提灯一つで出来るのである。そうして「回光返照の退歩を学すべし」で、自己を見失わん。これはなにも位が高いからでもなければ、金が多いからでもない。いくら金が少なくても、いくら位が低くても、いくら学問が低くてもよい。

私の行く所に妙な学校がある。私の話を校長さんが一ばん分かりが悪い。小使いさんが一ばん分かりがよい。これは面白い、よい見本である。そうすると、道というものは、何も経歴でもなければ身分でもない。金でもなければ、また器量《きりよう》でもない。いくら器量が悪くても、道としては立派な人もあれば、金が無うても、道としては立派な人がある。とにかくやらなければいかん。真剣にやらなければいかん。

宝徹禅師と扇

麻《ま》浴《よく》山《さん》の宝徹《ほうてつ》禅師が、あるとき扇を使うていると、弟子の僧が「風性《ふうしょう》常住《じょうじゅう》無《む》処《しょ》不周《ふしゅう》なり、和尚何としてか扇を使うや」――風の性《しょう》は常住にして、処として周《あまね》からざるは無しである。世界にいっぱいあるのに、なぜ和尚は扇を使われるのか、と訊いた。禅師の曰く「汝風性常住を知れりと雖《いえど》も未だ無《む》処不周底《しょふしゅうてい》の道理を知らず」――汝は風性常住なることは知っているが、無処不周の道理をまだ知らんのじゃ、こう答えると、弟子が「如何なるか無処不周底の道理」と問うた。その時、和尚扇を使うのみ――「これが分からんか」と言わんばかりに、ただ煽《あお》いでいる。そこで小僧が礼拝した。

それです。煽いだだけです。そうすると、宇宙にある真理は誰が発揮するか、おれという人格がこいつを煽いで発揮するのだ……自分がやらなければ宗教はない。真理は天地一枚、一切衆生悉有仏性《しつうぶつしょう》、これがなければ自分というものは腐ってしまう。仏性があるから生きて行けるのである。母親のお腹の中から飛び出して、飯を食って……これは仏性が飯を食わせたり小便させたり、仏性が泣いたり笑ったりするということになるので、これがすなわち活動の宗教である。

昔、浄土宗に学信《がくしん》という和尚があった。非常な学者であった。安芸《あき》の人である。この人が「念仏申す人がない、念仏申す人があるまで念仏申すのじゃ、お前らがなまくらでも強《し》いて申させてやる、ついにやんごとなき境涯に至るものじゃ」と言って歌を一首示された。

心して引けばこそ鳴れ霧深き　秋の山田に掛けし鳴子《なるこ》も

鳴子は引っぱらなければ鳴らない。雀が、粟や米を食って腹が膨《ふく》れるとそこに止まって一服する。腹が減るとまた食っている。その雀追いの鳴子も引っぱらなければ鳴らぬ。心して引けばこそ鳴る、引っぱっただけ鳴る。その鳴子を引っぱるのは誰か。すなわちおれじゃ。一寸坐《いっすんすわ》れば一寸の仏《ほとけ》、つまりこの人格で、この仏性を発揮しなければならぬ。

昔の侍《さむらい》が「一合取っても侍じゃ」と言った。私はこのくらい禅の気持ちが日本精神、武士道精神によく持ち込まれている言葉はないと思う。千石取《せんごくと》りだけが侍じゃない。あの忠臣蔵で皮肉にも千石取りに九太夫《だゆう》をこしらえ、そうして下郎に寺坂吉右衛門をこしらえているのは、なかなか面白いと思う。そこで本当に自己になりきる。最上最高の自己の仏性を、ここに本当に発揮する。どっしりとしておりさえすれば、どこへ行っても自己を見失わん。これが「触処生涯随分足《そくしょしょうがいぶんにしたがってたる》」である。

法華経だったかに「仏子《ぶつし》此地住《このちにじゅうす》、即是仏受用《すなわちこれぶつじゅゆう》、常在於其中《つねにそのなかにあって》、経行若坐臥《きんひんもしくはざが》」とある。実に私は面白いと思います。みな自分個人の生活において、本当の自己に還《かえ》り、回光返照して本当の自己を踏みしめる。この自己が浮彫りになるよう修行して、はっきりと浮彫りになってきたならば、その手の舞い足の踏む所、寝るも起きるも一切の生活がみなことごとく仏の住する所にある。これがすなわち安心である。つまり物から動かされないで、本当に自分個々の安心がある。どの生活も、どの境涯も、いかなる場合も、経誦《よ》むも禅、坐るも禅、こういうような意味が宏智《わんし》禅師の「触処生涯随分足、未不如伎倆人」である。伎倆が人に優れておる、優れておらんというのじゃない。一年生は一年生で触処生涯分に随って足る、五十円取りは五十円取りで触処生涯分に随って足る、いかなる所にでも自分の今の個々の生活を見失わんようにすることが大切である。

坐禅の本領

禅の三病

坐禅と言うと、十把《ぱ》一からげにみな同じように思う人がありますが、坐禅にもいろいろあるので、つまり言うと、坐禅を売り物にしている商売禅もあれば、講釈ばかりしている講釈禅もある。見せ物にしている見世物禅もあれば、野狐禅《やこぜん》というやつもあります。そうすると、私達が一口に坐禅と言っても、その坐禅の中には、仏の坐禅から地獄の坐禅まであるわけであります。

馬勝比丘《めしょうびく》という人は、坐禅しながら地獄へ堕ちた。なぜかと言うと独断で決めたからだ。つまり四禅天の悟りを開いておりながら、大羅漢の悟りを開いていると、そう独断で思った。四禅天とは、色界の四天のことで初禅天、第二禅天、第三禅天、第四禅天のことを言い、つまりこの世における悟りである。本当の悟りではなかった。ところが臨終になって見ると、あら！　四禅天の悟りじゃ。大羅漢というものは、二度と罪の世には生まれぬものであるのに——、ところが罪の世に生まれてきた。逆《さか》とんぼに地獄へ堕ちた。

坐禅の形は一つである。けれども坐禅さえすればよいと言うのではない。坐禅さえすればよいと言って私の所へ来ているある人は、座蒲団を二つも買うて、そりゃ和尚が来たからというので坐禅をやる。そういうきざな、おっちょこなやり方があるものではない。そういうのは偽《にせ》坐禅で、そいつをきざ禅という。また鼻の先のぶらさげ禅がある。和尚押さえ禅というやつじゃ。それ以下の和尚がそれに押さえられるから、まことに気の毒なものである。

そうすると禅というものに、いろいろの禅があるわけであります。永平寺の二代目懐奘《えじょう》禅師の『光明蔵三昧《こうみょうぞうざんまい》』という書物の中には、餓鬼道禅がある。物が欲しさに坐禅をする。ちょうど犬が尾を振るように、食物を得るために奥さんの膝もとで尾を振る。餌を得るために尾を振りながら坐禅する。悟りが欲しさに坐禅する。そうするとこれは未《み》到走作《とうそうさ》の病と言って、やはり病人である。この未到走作の病にもう一つある。何くそ！　と友達と競争でやるやつだ。

私もなかなか若い時にはそいつがあって、たいがいな人には負けない、たいていの和尚は感心させたものである。私は未だかつて競争には負けたことがない。喧嘩であろうと飯の食い合いであろうと、酒の飲み合いであろうと、戦さに行って命のやりとりまでやって勝ってきた。結局、人間には勝ったけれども自分には負けた。そういうものは未到走作の病で、自分が成っておらんものであるから向こうの物が欲しい。それであるから、餓鬼道禅と言うのである。また友達同士競争で、お互いに血相を変えて、歯を食いしばってやっている。これ修羅道禅である。また坐禅して牛のように首をぶら下げて寝ているやつがある。これは畜生禅である。

それから、もうおれは悟ってしまったというので、下を見下す奴が出てくる、これを已到住著《いとうじゆうじやく》の病という。自分だけ悟ったつもりでいる。

もう一つある。私の所へ来るある奥さんが、「そうすると禅というものは、こせこせ喧《やかま》しく言わないでもよい、気楽に暮らしたらようございますね」と言う。だがそんなに気楽にあっさりしたものではない。それを気楽に瓢簞《ひようたん》の川流れのように思っている。そういうのを透脱無依《とうだつむえ》の病という。

未到走作の病、已到住著の病、透脱無依の病、これが禅の三病である。坐禅するには、この病気を離れなければならぬ。そこを『光明蔵三昧《こうみようぞう》』に永平寺の二代様が懇々と、「お前達は修羅道禅をするなよ、餓鬼道禅をするなよ、畜生禅をするなよ」と訓《さと》しておられる。人間禅ならば何も銭儲けしているのとあまり違わない。私の知っているある人は、和尚さんの足音がバタバタとすると、あわてて坐禅をする。ちょうど博奕《ばくち》打ちか何かが見張りしているのと反対に、人が来たら坐禅をする。こんな情けない気の毒なものはない。

自己に親しむ

坐禅をしなければならぬが、その坐禅は一体どうすることだと言うと、いつも私の常套語であるが「自己に親しむこと」である。

我々は自分だけを抜きにしていることが多い。人に見てもらうためにやる。私もこれは間違って学校へ入れられたのですが、学校じゃ試験ということがある。私は試験のために勉強したことはない。私は試験というものを受けたことはない。試験を受けぬ所ばかり勉強した。試験が下手と言われればそれまでだが、とにかく試験は嫌いだ。下手だから嫌いだったのかも知らんが、私は試験を受けたことはない。しかし勉強はした。勉強したのは試験のために勉強したのではない。もっとも試験をまったく受けんこともなかった。子供の時から試験は小学校でもあったものであるから……。だが試験のために勉強するというのは胸くそが悪うて仕方がなかった。試験の時にはなるべく遊んで人の邪魔をした。その代わり内緒でしよった。子供仲間でも試験などのために勉強すると思われるのが胸くそが悪い。他の奴が寝静まってからこっそり本堂の隅で勉強したものだ。全体試験というもので、相手に見せるためにばかり勉強するということは、これは人間にとって、本当にためになるものであるかないか、ちょっと私は問題であると思う。

人に見せない勉強でなければならん。禅はそれです。一生懸命に私が叫び歩いているのは、そういう禅を言うのです。それが私の弘める宗教である。人に見せぬものである。自分のためである。自分きりのものである。人には絶対見せられないものである。

坐禅わずかに三十年

わずかの坐禅では本当の味わいは分からないが、道元禅師の御文章を拝見すると、「某《それがし》は坐禅すること僅《わず》かに三十年なり」とこうある。三十年缶詰のように坐っていると仮定しておられる。三十年に目安を置いておられる。夏休みなど、海水浴場でバタバタやって十日や二十日暮らして、それで健康になればよいけれども、すぐ頭痛を起こしたり腹をこわしたりする。それくらいなら、海水浴を一夏くらいやめて、梅干と金の三円もあれば、一週間くらい坐っていられるのだから、どこかへ行って坐るとよい。

近頃はキャンプ生活と言うのか、あれが流行っているが、……福岡で夫婦連れでやっているのを見た。それも若い夫婦ならばまだよいけれども、四十か五十ぐらいの夫婦があんな獣物のような生活をやっているのがある。あんな生活をするつもりならば、どこか風邪を引かぬ所に毛布を持って行って、有志の友達と三人連れぐらいで、十日ほどでよいから坐禅をする方がよい。居眠りをしたら拳骨を食わすということにしてやってもよいわけです。

ここまで試験文化が進み、キャラメル文化やチョコレート文化、娯楽文化が進んできたら、宗教文化も、もう少し本気にやってよいと思う。瞞《だま》されたと思って、海水浴場で遊んだと思って、十日ほど坐ってみたら、そこに初めて自己に親しむという味わいが、しみじみ分かるのである。ある所で一時間とか二時間とか坐禅して、そうしてお茶菓子の用意までして、晩飯の用意までして、お茶を飲んで雛《ひな》さん祭のようなことをしたそうだが、それくらいでは修行にはならない。あれはちょっとヒントを得るとか、口火をつけるだけである。

自分でスッとこう坐ってみる。そうすると自分というものが、どのくらいの程度のものであるかが本当によく分かる。わずか三十分でさえ――まだか知らん、時計が止まってやしないかと心配しているようじゃいかんが――本当に坐ってみて初めてそこに出てくる心が澄浄《ちょうじょう》である。道元禅師の、

濁りなき心の水に澄む月は　波も砕けて光とぞなる

それが信仰というものです。

これが信仰だ

信仰というものと坐禅というものとを別ものに考えて、坐禅は信仰でないと言うが、こうやって坐禅して、しみじみ自己に親しみ、最も澄んだ自己をこしらえるのが、それが信仰というものである。ただボンヤリ坐れば、自分というものと坐禅というものと二つあるわけである。自分と坐禅とがひっつかない。自分と坐禅、自分と仏と二つある。仏が遠い所に見える。これではいかん。

坐禅とこの澤木は一つであるということを信ずる。坐禅が澤木で澤木が坐禅だ。ちょっとも隔《へだ》っておらん。澤木そのものが坐禅するということを信ずる。それがちょっ

とそうなれん。坐禅と澤木と遠い所にある。坐禅していて、道で会うた娘さんのことを思ったり、他所《よそ》のことを思っている。坐禅というのは巍々堂々《ぎぎどうどう》として富士山のようなものである。グニャッとしておったり、居眠りをしておったりしていてはならん。ウンと坐って坐禅の方へ澤木がひっ捉えられてくる。これを三昧と言う。三昧ということは自性清浄のことである。本当のおれというものである。白隠和尚は「衆生本来仏《しゅじょうほんらいほとけ》なり」と言われたが、この自性清浄に引っぱられるには、非常に真剣に隙間のない坐禅をウンとしなければならん。

昔ある時には、私は光陰空《むな》しく度《わた》ることなかれと思って、時間を潰《つぶ》すのがもったいないので、かんじんよりでもしようかと、内職をしておった。坐禅ばかりしておった澤木が負けた。坐禅が澤木に勝った。凡夫に勝った坐禅であるから、そこでまったく観方が違う。坐禅から引っぱられた。坐禅と自分との間に、文《あや》、模様がある。その両者間の模様が坐禅をするといかにもよく分かる。

坐禅せよと言っても、坐禅の内容にいろいろある。坐禅と私の間に、そこに世界を見るような、非常に大きなもの、複雑なものがあるわけである。それを文学に引き伸ばしたものが、一切経というものである。華厳経八十巻、ウワッ……大般若経六百巻、ウワッ……大智度論百巻、ウワッ……どえらい文学が現われているが、これはみな凡夫と仏との間、坐禅と私との間の、文《あや》を引き伸ばしたものだ。

結局、全身の中から、あらゆるものをサラッとぶっ通して、それを指したのが三世通観の禅だ。過去、現在、未来の通観である。「之《これ》を古今に通じて謬《あやま》らず、之を中外に施して悖《もと》らず」──そういうものを、三昧の中から観なければならん。

回光返照の宗教

坐禅というものはそういうものであって、そういう坐禅をしなければならんのに、そいつがどうも外側へ出勝ちである。尋常六年の教科書に「無言《むごん》の行《ぎよう》」というやつがある。また無住法師の『沙石集《しやせきしゆう》』という本の中には、無言の行一つについて長い文章が書いてある。それは、宗教、坐禅は内側のものでなければならんのに、外側へ飛び出した。内側に蔵して持っていなければならんのを、外側へポッと出してしまった。そこを皮肉ったものである。あれは面白い。人に物を言わない、あぐらをかいて内側に持っておらなければならん。外へ出してはいけない。そこで自己に還《かえ》らなければならん。この回光返照がなかなかできない。本を読むにしても内側へ持って行けばよいのを、こいつを一つ生徒を感心させるために使ってやれ——というわけで、受け売り、小売りが始まる。

我々人間というやつは内側に持っておればよいものを、すぐ外側へ出したがる。内側へ戻すということが肝心である。足元をちょっとも見ない。筒でのぞいているように向こうばかり見ている。「貴様なっておらんぞ、赤ん坊をどうしているんだ、この飯の炊き方はなんだ」と、人のことばかり見る。足元をちょっとも見ない。

そこで私は、回光返照の宗教と言う。眼鏡が筒になっているから、足元は見えずに人の方ばかりよく分かる。あれもダメ、これもダメと、自分だけは抜きにしている。いやしくも坐禅を修行するならば、それは自己のものでなければならん。外側へ出さんように——。

『学道用心集』の中に「唯吾我《ただごが》を忘れて潜《ひそか》に修す」とある。京都帝大に、私が参りまして始めた会の名を「潜行会《せんこうかい》」と言った。潜《ひそ》かに行なう、見せびらかすのでなく潜かに修行するのである。そうすると生徒監が眼の球を光らして、思想問題を研究するらしいが、潜行する会というのは怪しいぞと睨んだものである。なるほど世の中では悪いことは内緒でするに決まっている。我々は悪いことは見せびらかしてやる。良いことは潜かにやる。「吾我を忘れて潜かに修す、菩提心の親しきなり」だ。

法然上人と天野四郎

法然上人の弟子に、天野四郎という盗人《ぬすびと》から発心《ほっしん》した人がある。この天野四郎が法然上人の庵室で泊まったげな。ところが夜中に頭が冴えて寝つかれない。それから、そっと寝返りを打ったりしていると、隣の部屋で法然上人が起きて念仏を申してござるらしい。それは見せびらかして「南無阿弥陀仏、南無阿弥陀仏」と大きく唱えておられるのではない。唇を動かしておられるか、おられないか分からないくらいに、そっと「なむあみだぶつ、なむあみだぶつ、なむあみだぶつ」と、ただそういう気持がするだけで、音も何もしない、ごく微《かす》かにお念仏を唱えてござるようである。そこで次の間の天野四郎も、自分もそっと起き上がって「なむあみだぶつ、なむあみだぶつ、なむあみだぶつ」とやった。こいつは別に声を出すんじゃない、両方とも内緒である。そうしたら暫《しばら》くして天野四郎、夜気に冷やりとして、くしゃみをした。そこで法然上人はそのまま寝床の中へ入られたようなので、また自分もそおっと床に入ったという。

これなどは活動写真にも撮れない、実に地味な場面ですね。しかし私は非常にこの場面が好きだ。内緒で、暗がりで、声も出さずにそっとやっておった。なかなかいいじゃないですか。お布施五十銭欲しいからお経を読む——あまりよくない。月給をもらうから働かなければならん——こいつは可哀相な奴だ。月給が欲しいから勉強する——情けない奴である。

私が小僧の時に、お布施を二銭くれよった人がある。バカにしとる。それで、談判してやろうかと思った。しかし考えた。つまり煩悶したわけである。そして結局そんな荒らげたことは止めてしまった。それはなぜかと言うと、こういう話が、その当時読んだ本の中に書いてあったからだ。ちょうど私のように、人に物をくれということの嫌いな——私は人にやることは好きだが、人に物をくれということは嫌いだ。一生やることに努力をしている——人がいた。その人が自分の家の軒《のき》に草鞋《わらじ》をぶら下げておって、通りがかりの草鞋の欲しい人に、心持ち次第でよろしいから持って行ってくれという気で、竹筒をそばに置いて、その中へ心持ちでお金を入れてもらうことにした。ところがそれが平和に続けばよかったが、悪い奴が多く、草鞋は無くなっても竹筒の中へは金はたまらず、馬の糞が入っておった。そこでその御仁《ごじん》は「我れ食尽きたり」と、ウンと坐禅して死んだという。

簡単な文章で尻切れかも分からないが、当時その話は私をひどく感激せしめた。よしきた！　食わんで死んでやろうと思った。食わすならば食ってやるが、食わしてくれとは言わん。おれに生きてくれというのなら食わせろ。死んでよければ死んでやるぞ――と、こういう態度になった。それから、すっと気楽になった。

打ち方止め！

今の法然上人と弟子とのいきさつは実によい場面で、外側へ出すためではない。その意味において私達の坐禅は只管打坐《しかんたざ》――何もかも只《ただ》坐るのである。熱心に私の話を聴いて、エライところを摑《つか》んで行く女性もある。今ハルピンに行っておりますが、あるとき手紙で「ある新聞に私のことを何にも要《い》らん、何も要らんじゃない何も無いのだということが書いてあるが、まだ足らんでしょう」と言ってよこした。私もまだ新聞を読まないから、何が書いてあるか知らないが、女の手紙には「悟りも要らんということが新聞には書いてなかった」と言ってきた。なるほど、私の宗旨は悟りも要らん、悟りもない。小声で「悟りもない」と言うのでない。大きな声で「悟りもない！」と言うのである。

同じ言うのにも「悟りもない」と言うのと、「私は悟っておらんのじゃ！」と大きく言うのとは違う。そこをよく、その女の人は聴いている。こんなにはっきり言うたのじゃない。しかし話の始終に悟りも要らん、ということが出てくると見えて、あんなことを言ってよこした。そんな偉い高等教育を受けているんじゃない、私はびっくりした。こいつなかなか太い奴だと思った。その悟りも地位も名誉も、一切外側へ出さずに、とにかく、ただする。坐禅ばかりでない。何もかも、ただする。この何もかも、ただするということが私のよく言う「打ち方止《うちかたや》め！」である。「三百メートル！打て！」、それを「打ち方止め！」じゃ。自分が自分にすることだ。ただする。ただ自分でする。これが三昧ということである。

今の法然上人と弟子との場面も、法然上人は坐禅じゃないけれども、ただ自分のみ念仏する。人に見せない。それが理想である。あるとき天野四郎が、上人にお暇乞いに来た。「私は相模へ行かなければならぬが、どうぞ私の心掛けになることをお示し下さいませ」と言うと、法然上人が、「いつやらわしの所へ泊まった時に、わしが寝られないでいると、お前はどうやら念仏を申しておったのう。お前がくしゃみをしたので分かった。あれは阿呆《あほう》じゃ。この宗教的行というものは、妻にも子にも知られないよう、人の物を盗るように信心するのが本当の信心じゃ」と諭《さと》された。吾我《ごが》を忘れて潜《ひそ》かに修するのが信心だと言われたのです。

一切経は坐禅の論文

私の言う自己に親しむというのはそこです。ただ吾我を忘れて潜《ひそ》かに修す。この本当の自己になりきることです。この本当の自己が天地万物と一体である。仏様とぶっ続きである。この、悟りも要らん、ただ吾我を忘れて潜かに修すというのは、本当の自分を持たなければできん。自分というものは本当にどんなものであるかを、はっきり知らなければならん。それを、自分にちょっと良いことがあると、直ぐに外側へ向けて見せたがる。誰か早く来てくれないかなあと、人に知らせとうてたまらん。ところが、人間が知ったところで、たかの知れたものである。人間はさておいて、自分が自惚《うぬぼ》れておる。自分が本当にしんみりと真剣になってみると、決して人に誇るような、人に知れてよいようなものを持っていやしない。もし人が賞めてくれればいいが、賞めてくれんと煩悶する。よく失恋というやつがあるが、こいつは、よほど男前の悪い奴である。自信のない奴です。あんな目の低い女にはおれのような男振りは分からんのだと思えばよい。私らはそう思っている。それを、自信がないものだから、人から好いてもらえないと悲観する。自分はどうかというと肚《はら》はグニャグニャで、人から好いてもらえるようなものじゃない。すべて天ぷら生活である。この天ぷら生活から御《ご》免《めん》こうむったのが出家というものである。

坐禅は、しみじみと自己になることだ。すなわち形の上で仏様と一緒になることだ。坐禅の嫌いな奴が「そんな足の痛いのに、なぜ坐らなければならんのですか」と言うから、「そんならば私がこうやってあかべ！　をしたら、どういう気持ちがしますか」と言ってやった。これを「左の人差し指の尖端を、左眼の左後方何ミリの所へつけ、それをどれだけの馬力で押して下瞼を開き、赤分どれだけ、白分がどれだけ」、そんなこと論文に作ったら、心理学、生理学、いろいろなものをもって書き上げねばならん。そんなものは、専門語を知らない者には何が何だか分からない。が、結論は「あかべ！」の滑稽面《こっけいづら》だ。

ただこうやって坐ってみればよい。一切経は博士論文である。坐禅を論文に書いたまでで要点は坐ればよい。そこが「教外別伝」である。坐禅は思うことではない、書くことでもない。坐禅は仏道すること、仏法することである。また教外別伝、不立文字である。歩兵操典の「右向け―右」はいくら読んでも文句だけではなかなか分からん。「左に向きを変え」というのも、どういう具合に文章に書いてあるか、三十年昔には私も講義したけれども今は忘れている。そんなことは講義じゃない。「右向け―右」、実際やってみればよい。仏道することである。実際することである。そうすることが仏道の正門であり、坐禅である。

仏教というものは、坐禅の中から見るものである。坐禅することは、成仏することである。すると、ある人は、

「いや、坐禅しに来ておりますけれども成仏しておりません」とこう言う。そこの所がお経にある。盗人《ぬすびと》でなければ人の物を盗らん。正直者が人の物を盗ることはない。ちょうどそれじゃ。人の物を盗るから盗人である。また盗人だから人の物を盗るのである。そうすると、成仏せぬと坐禅はせぬものである。坐禅が成仏である。だからここで坐禅していると、そのままそれが成仏である。偉いものじゃとこう思う。

長者《ちょうじゃ》の窮子《ぐうじ》

法華経に「長者の窮子」というのがある。

ある長者が一人の子供を持っていた。その子供が、家を飛び出して長い間流浪している。よくよく根性がひがんで、ルンペン根性になっていた。父は一日も子供を忘れることなく、子供のことばかり思っておった。ある日のこと、向こうをその子供が、見すぼらしい姿で歩いていた。早速、家来に命じて追いかけさせた。ところがその流浪の子供は、これは殿様の怒りに触れて家来が自分を追いかけてるのだ、と思って逃げ出した。一生懸命逃げるのをやっと捕えると、「私は悪いことはしない、どうか勘弁して下さい」と、とうとう気絶してしまった。それを見た父の長者は、最も醜い顔をした風采の悪い家来に言い含めて、水をかけて、気絶している息子に活《かっ》を入れさせた。

それからその家来に「どうもおれはお前を兄弟のように思う、おれと一緒に歩かんか」と言わせ、表門から入れるとまた恐がって逃げると困るから、馬小屋の方から入れさせた。さらに家来は、「どうだ、おれと一緒に、この馬小屋の糞掻きをしないか、この糞掻きをしていれば、うまい物を食わせてくれるんだよ」と初めは食べ残りをやった。「これをよばれて、よろしうございますか」「うん、いいから、しっかりお食べよ」。こんな具合にして、だんだん教育してきた。

高い所からこれを見ていた父は、やれやれあのひがんだ根性も大分直ってきたようであるである、早う私の跡継ぎをしてもらいたいものだと、今度は自分が汚ない着物を着て、「どうじゃ、おれはお前を子のように思うが、お前一つ出世することは嫌《いや》か。ちょうど番頭が欠員だから番頭になってくれないか」と頼んだ。「私は算盤《そろばん》も何も知りません」「知らなければ教えてやるよ」ということになって、それから算盤を教え、帳面をつけることを教えて、一番番頭、総支配人にまで引き上げた。それでもまだ給金をもらうから働かなければならないのだ、給金だけしか自分の物でないと思っておる。

そこで父の長者は、あるとき親戚一同の人を招待して、「諸君、私には一人の子供がある。実はこうこういう具合に五十年の間考えた。初め子供を見つけて、家来を遣わして追いかけたら気絶した。そこで家来に言い含めて、それを誘い込んで裏口から入れ、馬小屋の糞掻きから、だんだんと仕上げていって、一番番頭にまでしたけれども、まだ自分の給金以外の物は、自分の物でないと思っている。それで今日隠居して、この財産を全部この子供に渡しました」と言った。初めてこの家中の物が、みな息子の物となった。

成仏ということは、世界中一切の物が自分の物になってしまうことである。自己に親しむということは、一切世界の物が自分になる。「聖人無己《せいじんにおのれなし》、靡レ処レ不レ己《おのれならざるところなし》、天地《てんち》同根《どうこん》、万物与吾一体《ばんもつとわれといったい》」。この気持ちがすなわち成仏である。正しい坐禅が仏道と波長が合うということは、己れを空しくして己れがなくなることである。自分で考えるところがなければ、一切の物がそのままである。

　坐禅せば四条五条の橋の上　往《ゆ》き来《き》の者を深山木《みやまぎ》に見て

非思量《ひしりょう》ということは、無理せんこと、ありのまま、一切世界がそのまま、一切の物がそのままである。好《す》いて眺める、嫌うて眺めんというのではない。

一足飛びに仏様

坐禅という形は非常に神秘である。私は小僧時分には、ずいぶん流浪したものでありまして、越前で、ある寺に預けられておった。ある時ちょっと暇があって、納所《なっしょ》も留守であるし、飯炊婆《めしたきばあ》さんがいるから飯を炊く必要もない。それで奥座敷へ入って線香一本立てて坐禅した。まだ自分の衣も無い時分だ。その時に飯炊婆さんが、何か出しに奥座敷へ来た。あの新米坊主、きっとどこかへずらかって昼寝でもしているだろうくらいに思って来て見ると、私がチャンと坐っていたものだから、びっくりして、「南無釈迦牟尼仏、南無釈迦牟尼仏、南無釈迦牟尼仏」と私を三拝する。私は、ずいぶんおかしな気持ちがしたのですが、坐禅というものは一足飛びに仏様になる方法であるということを、そのときますます信じさせられた。

越前の国のある和尚が坐禅しておった。そうすると、隣の六つになる子供が本堂へチョコチョコと来て、この和尚さんを見て驚いて、母に告げて言うには、「あのよ、お寺の和尚さんが神さんになってござるがなよ」と言った。どうも坐禅という形は非常に神秘な形であります。お袈裟を神秘服とか教会服とか言うが、私はお袈裟は世界の神秘服であると思う。私がお袈裟を着ると、ただの私と違う。私が仏様のようになる。また私が坐禅すると、いつもの私と違う。私の姿が福徳円満である。私ばかりでない。誰が坐禅しても福徳円満である。それは仏になっているからである。神になっているのである。だから「一超直入如来地《いっちょうじきにゅうにょらいち》」と言うて、坐禅は一遍に如来になれる方法である。

泥棒になりたければ、ちょっと人の物を盗めば一遍に泥棒になれる。刑事が見つけないでも、人が知らなくとも、それでチャンと泥棒である。お寺に参って「南無阿弥陀仏、南無阿弥陀仏」と唱えながら、賽銭一文袂《たもと》へ入れれば、一銭は一銭だけの盗人になる。ちょうど我々が坐禅すれば直ちに仏になるのと同じである。つまり坐禅は、この肉体が落ち着いて、仏や祖師や達磨と波長を合わせるのである。これが正味のところであり、正門である。

坐禅の勘《かん》どころ

熊本の本妙寺に道元禅師の自画讃の像が一つある。それにこういう讃がある。

寒潭万丈浸㆓天色㆒　（寒潭万丈《かんたんばんじょう》天色《てんしょく》を浸《ひた》す）
夜静金鱗徹㆑底行　（夜静かにして金鱗底《きんりんそこ》を徹《てっ》して行く）
這畔那方無㆓隔礙㆒　（這畔那《しゃはんな》方隔礙《ほうかくげ》無《な》し）
茫々海面月光明　（茫々《ぼうぼう》たる海面月光《かいめんげっこう》明らかなり）

これはまさしく道元禅師の自画讃であるが、坐禅ということに見てもよい。

「寒潭万丈天色を浸す」――身震いするような寒い深い淵《ふち》に、高い天が浸っている。深ければ深いほど高い天が映る。坐禅の三昧が深ければ深いほど天が高く映る。

「夜静かにして金鱗底《きんりんそこ》を徹《てつ》して行く」――夜静かにしてじゃ。それを外へ出すのでは何にもならぬ、人に見せるのでは何にもならぬ、人知れずじゃ。金鱗とは鯉です。死にかけてアップアップやっている魚ではよくない。水の底をツーツーと行く、生き生きしたものである。私は坐禅ぐらい、生き生きした姿勢はないと思う。獅子の踞《うずくま》ったように、龍の蟠《わだかま》ったように、飛びつくような勢いでウンと腹に力が入っている。「這畔那《しゃはんな》方隔礙《ほうかくげ》無《な》し」——そこから世界は十方無尽無礙《むげ》自在である。どっちへ行っても行きづまりがない。レールの上を走らなければならんの、自動車のねじが緩《ゆる》んだので動かないの、というようなものでない。自分で行く。「行先に我が家ありけりかたつむり」じゃ。

「茫々たる海面月光明らかなり」——茫々たる海面は行きづまりのない世界である。それがまた月光明らかなりで、限りのない光明に充ちている。これすなわち坐禅を謳《うた》われたと言うてよかろうと思います。

　坐禅は蓋《けだ》しそういうふうなもので、人から「何のためになるか」と問われたら、「何にもならん」と言わなければならん。ただ私の言うように正身端坐《しょうしんたんざ》して背骨を伸ばし、鼻で呼吸して口をふたして眼を開いて、ウンと坐る。それを詩に作ればこういう気持ちである。要するに坐禅は自己に親しむものであり、自分になる法である。そして一切経は坐禅を文学に引き伸ばしたものであります。

修証一如

ぶっ通しの修行

りです。

宗門に修証一如《しゅしょういちにょ》ということがある。あるいは修証不二《しゅしょうふに》ともいう。修は修行、証は悟

この修行と悟りというものは、どういう関係にあるかというと、一如であり不二で

あるから、二つ別々のものではない。しかし非常に甚深《じんじん》なる意味があるのです。昔の

人で「悟るまで修行せい」と言った人がいる。悟るまで修行せいというと、悟るまで

修行して、悟ったらもう修行しないでもよいということになる。また悟ってからが本

当の修行だというなら、悟るまでは仏道の修行にならぬ、という道理もあるわけです。

それを道元禅師は何と言われたかというに、「過去、現在、未来ベッタリコの坐禅、

ぶっ通しの修行である」と言われた。このことをまた「一方究尽《いっぽうぐうじん》」とも言われた。私

の子供の時分に、この一方究尽ということは、仏書の講義などで言葉だけは耳に入っ

ておったが、深い意味は知らなかった。それはどんなことかと言うと、修行という言

葉には、悟りという意味がちゃんと含まれている。つまり修行というそのままが悟り

だということなのです。

ところが人間にはカンニング根性があって、修行せんでも悟れるなら、その方がよほど得だという者がある。あるいは修行さえすれば悟りは要らぬという俠気《おとこぎ》のあることを申す者もある。だから修行さえすれば、悟りという名前がつかなくとも、それでよいのです。もっと大きなものに到達すれば、ことさらに悟りという名前をつけて蔵《しま》い込まなくともよいわけです。

そうすると悟りとは、こういう悟り、ああいう悟りという理念ではなく、修行そのものである。ところがそれでは何か物足りぬ。修行ということが、何か悟りという舞台に上がる花道のような気がする。そうすると悟りが欲しいために足の痛くなる修行もしなければならぬ、勲章がほしいために戦争という怖い目にも遭わねばならぬ、というような妙なことになるのです。また、みながそんな気持ちでいるのです。つまり勉強せい、修行せい、若いうちはしっかりやれと、小僧を奨励しがちなのです。

それならば悟りを開いたらどうなるかと言えば、出世するという人がある。私達はおかしな人間で、坊主になったら出世したくない、出世みたいなものを止めてしまって、坊主をやめたら乞食しようと思っている。始終その気持ちでいるから別に出世したくない。それならどうするかというに、しなければならぬことが他にたくさんある。

ここが悧口《りこう》そうな顔をしていても、たいがいな者が間違っているところです。戦争でも悟りと同じように「重賞の下に勇夫あり」で、懸賞で釣るとすれば褒美は要らぬと言う者には仕方がないことになる。芸術でも同じように懸賞で釣る。そんな褒美は要らぬ、そんな分からぬ者に褒めてもらわぬと言う者があれば、そういう飛び離れた者の芸術は懸賞では釣れぬわけです。懸賞で引っぱり出すものは、その程度のものしかない。それに引っかかる大蛸《おおだこ》があるかという問題です。

放てば手に充てり

悟りというても、そこに起こる問題は個人我《が》という我執が首を出すことです。そうすると悟りという虫がついてしまう。軍人もそうである。忠義さえ尽くせば、勲章はもらわんでもよいものである。その境地に満足できなければ本当の軍人ではない。死ぬだけが仕事だったら、それで安気に犬死《いぬじに》ができなければならない。葉隠《はがくれ》武士道の中に「忠義《ちゆうぎ》と申《もう》すことは、死ぬだけにて候《そうろう》」とある。犬死、猫死です。少々華々しい死にようをしようと思うと死に損ねる。「死に損ねるものにて候」になってしまう。匹《ひっ》夫《ぷ》の勇《ゆう》などというデリケートな死に方があるが、そんな面倒な死にようをしようと思うと、やはり死に損ねてしまって、犬死、鼠死くらいしかできない。昔の偉い人を見ると犬死とあまり変わらぬ死に方をした人が多い。楠木正成《くすのきまさしげ》が湊川《みなとがわ》で戦死しているが、あれは、ずいぶんつまらぬ死に方です。情けない死に方です。もっと華々しい死に方があったろうが実は犬死を忍んでやったのです。そこが楠公の偉いところと言わなければならぬ。犬死は嫌だ、もっと華々しい時でなければ死なぬと言って、あの時逃れておったら、我々の手本にはならなかったかも知れぬ。そこが無住法師のいわゆる「死したればこそ生きたれ、生きたらば死になまし」で、全身を投げ出して考えなければダメである。

大智禅師の偈頌《げじゅ》にもそういうのがあります。

放㆓下全身㆒倚㆓断崖㆒（全身を放下《ほうげ》して断崖に倚《よ》る）
風磨雨洗幾千回（風磨《ま》し雨洗う幾《いく》千回ぞ）
皮膚脱落有㆓真実㆒（皮膚脱落《だつらく》して真実のみ有り）
刀斧従教斫不㆑開（刀斧《とうふ》さもあらばあれ斫《き》れども開かず）

この全身心を投げ出すところが、道元禅師の「弁道話」の中の「放《はな》てば手《て》に充《み》てり」の道理です。握ったら握りそこねる。けれども放てば手に充てり、思い切って放してしまえば、手にいっぱいである。ここが「死にたればこそ生きたれ、生きたらば死になまし」である。小さな自己というものが、そこにあるから、そのために動きがつかない。が、その自己を捨てる、死にきる、死にきってしまえば、自然に真実の生命は現われてくる。だから本当の生命を見出そうとすれば、どうしても一度は死なねばならぬ。

自己を捨てて、広い世界に出る。死んでも死なぬ、滅びても滅びぬ境界がそこから開けてくる。ここに宇宙いっぱいの問題を相手にしたところがある。

二宮尊徳翁の歌に、

音もなく香《か》もなく常に天地《あめつち》は　書かざる経をくりかへしつつ

というのがあります。この天地は、常に書かざる経をくりかえしつつある。これも宇宙いっぱいを相手にしたものです。禅でいえば尽天地《じんてんち》一巻のお経です。二宮尊徳は柴を負うて本を読んでいる姿が、どこでも使われているから、えらい勉強家だったと思うが、あの人の生涯は自分のために努力したことが、ほとんどないのが感心です。桜町の開墾でも、ずいぶんつまらぬ奴に金をやったり家を建ててやったりしているが、とにかく人のために一生あれだけのことをしてやって、自分のためを思わぬというのは、何か悟りがなければならぬ。あの人は十四の時に観音堂で観音経を聴いた、それで悟りを開いたと書いてありますが、実に偉いものです。

宇宙いっぱいのお経、天地無尽の百万巻経は、我々でも毎日読んでいるのですが、なかなか実際には一生かかってもピンとこない。しかし二宮尊徳がこの歌を詠んでいるのは、宇宙いっぱいのお経を味得しておったと言えるでしょう。まったく「音もなく香もなく常に天地は　書かざる経をくりかへしつつ」で、宇宙はどこを眺めても一切経のグルグル回わるフィルムです。法華経の諸法実相《しょほうじっそう》、般若経《はんにゃきょう》の一切皆空《いっさいかいくう》のフィルムです。ただこのお経を信じているか、おらぬかということが我々の問題です。このお経を読むということが悟りであると同時に、修行である。修行と悟りと別々にあるのじゃない。今までが修行で、これからが悟りという理屈で、やれ悟前《ごぜん》の修行だ、悟後《ご》の修行だという区別はない。そこは午前だ、これからが午後だと、昼飯を食った後と食わぬ前というような、はっきりした違いがあるものではない。

贋物《にせもの》を追うな

この宇宙いっぱいのお経というフィルムは、実によくできたフィルムです。ところがそれを冒瀆する手合いがある。「わあ雨が降りやがる」と言う。雨が降らなんだらどうするのだ。雨が降るというのもフィルムの一幕である。降らなければたまらない。この間、ハワイから手紙が来て、「いつまで経っても雨が降らなかったが、降ってホッとした」と書いてあった。そうすると雨が降らなければ、降ると、かえって具合がよいのです。べた一面で、フィルムに変化がなかったら面白くない。

しかし、ただ変化があるというだけでは、なにも別に大したことはない。子供の時は早く大きくなりたいと思う。年寄ると年寄りとうないと思う。「若い時はよかったがなあ」と、よく愚痴をこぼすが、子供は子供、嬶《かかあ》は嬶、娘は娘、親父は親父でよいわけである。

旅にたとえてみれば、宇宙尽天地一巻の経で、くねりくねりして行くその道中が、どこでも修行でなければならない。このお経を読み損ないさえしなければ、それが修行であると同時に悟りであらねばならない。要するに悟りとか迷いとかいうことをはっきり分けて、人間という手合いが概念化して、悟りというものを頭の中に入れている。そうするから修行というものが足のしびれる辛いものになってくる。こういう具合に人間というやつは、鑑賞することが好きである。それでいて本物が嫌い、贋物が好きときているからおかしなものだ。

要するに概念が好きで本物がえらい嫌いである。人間て怪体《けったい》なやつです。

私は九州の名所である熊本県の小国《おぐに》に旅行したことがある。そこに立派な天然の山があるのです。蕭々《しょうしょう》たる薄雲がかかっている。非常に大きな杉が生えている。立派な霊山が聳《そび》えている。それにもかかわらず、わざわざ猫の額みたいな所に、グルッと周りに垣を造って向こうが見えぬようにして、その山の真似をヨボヨボと作って、それを見て喜んでる者がいる。阿呆らしゅうなってくる。そんな物をこしらえなくても立派な本物が眼の前にあるのですが、人間というものは情けないやつです。

大智禅師の鳳山山居《ほうざんさんきょ》の偈《げ》に、

一抹軽煙遠近山　（一抹《まつ》の軽煙遠近《けいえんえんきん》の山）

展成㆓淡墨画図㆒看　（展《の》べて淡墨《たんぼく》の画図《がと》と成して看《み》る）

目前分外清㆓幽意㆒　（目前分外《もくぜんぶんがい》に幽意《ゆうい》を清《きよ》うす）

不㆓是道人㆒倶話難　（是れ道人《どうにん》にあらずんば倶《とも》に話《わ》すること難し）

というのがありますが、名所が好きだと言うても、本物の名所では我慢ができないで、それを真似して盆栽にしてチョボチョボとこしらえて、棚の上に載せて喜んでいる。

人間というものは何でも懐中《ふところ》に入れることが好きです。自分の物にしなければ承知せぬ。それで人に見せない。それでいて人が真似するとムカツクのです。悟りでもそうです。自分が悟らぬうちに人が悟ると、「あんちくしょう悟りやがった、太い奴だ」ということになる。私らは人がいなくてもジッと坐禅しているが、そういう手合いは人がおらぬと淋しくて仕方がない。悟りの早駆け競走だから相手がないと淋しくなるのです。自分の観念で悟りという名のついた早駆け競走をしているのです。

大きな禅寺の坐禅堂で接心《せっしん》をやっても、あくまでそれを繰り返している。しかつめらしい顔をしておっても、警策《きょうさく》でピシリ……とやられるとハッとして、「あいつより早く悟ってやろう」と、偉い顔をしておっても、やはり早駆け競走を繰り返しておる。そこが実に微妙で、人間の弱点をさらけ出している。

仏になる法

それではいかんというので、永平寺の二代様（孤雲懐奘禅師《こうんえじょう》）が『光明蔵三昧《こうみょうぞうざんまい》』の中に書かれている。

自分に悟りがなくて人が悟るとやきもちが焼ける。器量でもその通りで、あいつはあのように器量が好いが、おれはこの通り器量が悪い。あんちくしょう、頭が良うありやがる。おれはこんな貧乏だが、あいつはあんなに金がありやがると、どうしてもそこのところは何事によらず、どこまで行っても人間の浅ましさが付きまとう。

私の所へ採用試験を受けて、通るか知らん、通らぬか知らん、と心配して神経衰弱になってやって来た奴がある。「お前が通らんなら、お前よりよい奴が通るのだから、よいじゃないか」と言ってやったら「へー」と、狐《きつね》につままれたような顔をしておった。おれさえ通ればよい、あいつが通ったら口惜しいというような奴は通らん方がよい。

これは自分の就職ということのみで勉強する奴ですが、そういう人は社会のために勉強せぬ。社会のために勉強し、社会のために生きる、道のために飯を食い、道のために茶を飲むというように、道のためにするのでなければならぬ。道のために尽くさねばならん身体だから、お互いに不養生するわけに行かぬのである。自分だけのためならどうでもよい。自分が採用試験に通らなければ――という者には、この要領が分からないのです。

永嘉《ようか》大師の『証道歌《しょうどうか》』の中に「一超直入如来地《いっちょうじきにゅうにょらいち》」という言葉がある。一足飛びに仏様になることができるということです。いわゆる私どもの身心の向けよう一つで「一超直入如来地」になるのです。この身このままの向け方一つで、他に何にも助けが要らぬということになると、どえらいもののようですが、これが当たり前です。ちょっと人の物を盗れば「一超直入五右衛門地」です。拳骨振り上げて喧嘩でもすれば「一超直入修羅道地」です。ウンと坐れば「一超直入坐禅地」です。ちょっとつまみ食いをすれば「一超直入餓鬼道地」です。

この坐禅は誰が坐っても坐禅です。誰が坐っても仏です。そういうことを『正法眼蔵』三昧王三昧の巻に、道元禅師が、

「驀然《まくねん》として尽界《じんかい》を超越《ちょうおつ》して、仏祖《ぶっそ》の屋裏《おくり》に大尊貴《たいそんき》生《せい》なるは結跏趺坐《けっかふざ》なり」

とお示しになっております。また、

「結跏趺坐は直身《じきしん》なり、直心《じきしん》なり、直身心《じきしんじん》なり。直仏祖《じきぶっそ》なり、直修証《じきしゅしょう》なり。直頂《じきちょう》寧《ねい》なり、直命脈《じきめいみゃく》なり」

ともお説きになりました。

仏というものは概念的なものではなくて、我々の筋肉の向けよう一つで、この身こ

のままが仏なのです。この一超直入如来地、これを「威儀《いいぎ》即仏法《そくぶっぽう》、作《さ》法是宗旨《ほうこれしゅうし》」と言うのである。

かくのごとく、たった今仏になる法があると同時に、我々の生活態度、形によって、たった今、盗人になる法もあります。昼のうちによく邸宅を窺《うかが》っておいて、夜になってから顔にベッタリ墨を塗り、玩具《おもちゃ》のピストルを持って忍び入る。そうすると「一超直入ギャング地」です。

お釈迦様が樹の下で坐禅をしておられるのを見て、通りかかった隊商の者が発心《ほっしん》したという話がお経にありますが、いかに仏様でも、坐禅の代わりに、鼻から提灯出して居眠りしていたのでは、有難くない。ちゃんとして坐っておられる姿にこそ、皆をして発心させるものがあったのです。

このように我々には、自分で気のつかぬ人間の値打ちがあるのであります。

ただ本《もと》を得よ

本当に修行そのものが悟りそのものである。形そのものが精神そのものである。態度そのものが道そのものである。

自分が寝転んでおって、人だけ修行させようと思っても人は承知しない。自分が救われる時には人も救われる。そこに微妙の道理があるのであります。

私が熊本におった時、山の中の寺で坐っていた。五時半には人が集まって来るから、私は四時に起きなければならぬ。起きると掃除したり、香を焚いて花を換え、湯を沸かして皆に茶を飲ませられるようにしておいて、天からでも降って来たような顔をして坐っている。誰も人を使っているのでないから、みな自分でしなければならぬ。ところがあまり朝早く起き過ぎて、三時から起きたことがある。すると四時半頃になると睡くなって、坐っていても頭が前の方に傾いて船を漕ぐ。その時にもまた気紛れな手合いがおって、四時頃からやって来て、コトコトと上がって来る。「あ、失敗《しま》った」と思って、私は目を覚まして、ちゃんと坐り直すのだが、「そんなことで澤木どうするのだ」と自分でも思うことがある。まったく人に見せようとか、見られまいとかいう心がありがちです。本当に自分の修行なら、人が見ようが見まいが、我《わ》れ関《かん》せずである。その自信が悟りである。だから、ただただ修行の真実を、篤《とく》と吟味しなければならないのであります。

『証道歌』には愉快な文句がある。

「但《た》だ本《もと》を得《え》て末《すえ》を愁《うれ》うること莫《なか》れ」

というのです。本とは真如、末は神通の意味で修行を指す。根本をしっかりと捉えて、末節に走るなというのです。

ところが我々はその反対だ。信心はおっくうだが、御利益だけはほしい。お経誦《よ》むのは嫌いだが、お布施は好き。修行は嫌いだが悟りは好きということになる。それでみな迷っている。学生もその通りで勉強は嫌いだが、及第は好きなのである。だから学校を卒業しても、カンニングで通って来たのだから実力が零《ゼロ》だ。近頃、予備校などでよく模擬試験をやるが、それにさえカンニングをやる手合いがあるそうだ。模擬試験にさえカンニングをやるのだから、肝心な本試験は通らないに決まっている。「但だ本を得て末を愁うること莫れ」、つまり本当のことさえすれば、それを人が知るとか、知らんとか、功徳がどうの、神通がどうの、そんなことは問題でないのです。

しかるに「坐禅すれば何になるのか」と、すぐ尋ねる者がある。私は「坐禅しても何にもならぬ」と答えてやる。そうすると、それっきり坐禅に来なくなる手合いがあるのですが、これは坐禅の対象を誤まっているのである。

『学道用心集』の中に、この点が親切に言われている。「若《も》し人賞翫《しょうがん》すれば、縦《たと》い非《ひ》道《どう》と知るも乃《すな》わち之を修行す」――人が褒めさえすれば、悪いと知っておってもやる。「若《も》し恭敬《くぎよう》し讃嘆《さんたん》せずんば、是《こ》れ正道と知ると雖《いえど》も棄てて修せず」――人が褒めないと、良いことでも棄てて顧《かえり》みない。これでは真如の方を放っておいて、褒める方にばかり付いて回わる。

「或《あるい》は人をして心外《しんげ》の正覚《しようがく》を求めしめ、或は人をして他土《たど》の往生を願わしむ。惑乱此《わくらんこれ》より起こり邪念此を職《もと》となす」と示されている。それから「我朝《わがちよう》古《いにしえ》より良薬《りようやく》を与うるの人なきが如く、薬毒を銷《しよう》するの師未《いま》だあらず、是を以て生病除き難し、老死何ぞ免《まぬが》れん。皆これ師の咎《とが》なり、全く機の咎には非ざるなり。所以《ゆえ》は如何ん、人の師たる者、人をして本を捨て、末を逐《お》わしむるの然《しか》らしむるなり」。ちょうどこれを裏付けているものが、「末を逐わしむるの然らしむるなり」である。そうすると、道心が有るか無いかということを根本にせずして、理屈の高い低いばかりを論じて、それでよいと思っている。

葛城の慈雲尊者は、かような人々の態度を評して、山に登ろうとする者が、麓におって一歩も足を移さずに、道の曲折、山上の風景を論じているようなものである、と戒《いまし》められていられる。一歩踏み出せば一歩高く、二歩進めば二歩だけ眼界が開け、三歩進めば三歩だけ道の曲折が明らかになる。しかるに、この本を捨てて末を逐うものだから、いつまで経ってもこれに行き着かない。ただ末々と末ばかり逐うて、それでとうとう日が暮れてしまう。

一方究尽《いっぽうぐうじん》

宏智《わんし》禅師の『坐禅箴《ざぜんしん》』に「縁に対せずして照らす」ということがあります。これは今から九百年も前に、坐禅というものに非常に虫が付いた。坐禅は悟りのためにやるのだから、悟らなければ何にもならぬというので、いろいろな概念理念をひねり、あしてこうしてと、いろいろな話題を通過して、それで悟りを得たと思った人々が多く出てきたのです。その時に宏智禅師が「縁に対せずして照らす」、すなわち悠々限りなき宇宙いっぱいに照らすもの、すなわち坐禅はただ坐禅するものだ、と教えられたのです。

葛城の慈雲尊者が「天地長育《ちょういく》して殺さず、万物《ばんもつ》与へて奪はず、四時代謝《たいしゃ》して其跡《そのあと》を見ず、日月下土を照覧《しょうらん》して其功《そのこう》を誇《ほこ》らず」と言っているが、それが宇宙を一眼に見た相《すがた》です。時間空間という広大無辺の宇宙を一つに見て、それを道徳にしたものが

『十善法語《じゅうぜんほうご》』です。それで見たら、個人の悟りなどは問題でない。「縁に対せずして照らす」、照らすばかりです。お天道様は照らすばかりである。何のため――ではない。ただ照らすだけです。そのただ照らすところにお天道様の偉大さがあるのです。そこを行《ぎょう》という。行というのは一方究尽《いっぽうぐうじん》ということです。一方究尽でただ照らすのです。ただ坐るのだ。曹洞宗には只管打坐《しかんたざ》という言葉があるが、そのただ坐るというところに深い道理がある。ただ坐るところに言わなくとも悟りはあるのです。ただ坐るところに悟りは引っ付いている。それが一方究尽です。

それを道元禅師が「不思量《ふしりよう》にして現ず」と言われた。ただ坐る所には、ボッボッ悟ろうとも何とも思わない。そこに仏法が現前する。ただ坐りさえすればそこに道がある。単に坐るというだけではなく、人の世話をしてもただ世話する。「あれを世話すると、恩に着てくれるから世話する」とか、世話の仕甲斐があるから面倒みるのではない。そんなこと言わなくても、甲斐があっても無くても、ただ世話するのである。

舎利弗《しゃり》が仏に御飯を献《ほっ》じた。すると仏は舎利弗の献じた御飯を犬に食わした。そうして「舎利弗よ、お前はわしに御飯をくれたが、わしは犬に食わした。どちらが功徳が多いかや」と言われた。仏さんもひどいことをしたものですな、実際どうも仏さんのやることは皮肉です。皮肉で、しかもどぎついです。どっちが功徳が多いかと言われて、舎利弗はドキンとしたと思う。「そ、そ……それはあなたに献上したが、あなたは犬に食わされた、その方が功徳が多うございます」と、ぶるぶるしながら答えた。

『四十二章経』の中に布施の果報を説いて、

「悪人百人に供養するよりは一人の善人に、千人の善人よりは一人の五戒を持する者に、五戒を持《たも》つもの万人よりも一人の須陀恒《すだごん》に……乃至《ないし》百億の辟支仏《びゃくしぶつ》よりは一人の三世の諸仏に、千億の三世の諸仏に供養するよりは一人の無念無住無修無証の者に供養する方が功徳が多い」とあります。

そうすると一ばんの功徳に値するものは、この無念無住無修無証の者です。すなわち不思量の者です。この不思量でなければ道《どう》は現前せぬものです。

ここに一つ菓子箱がある。この菓子箱をあそこへ贈ったら功徳が多かろう。あそこへ贈れば倍になって返ってくるなどと、いろいろ考え迷っているのでは功徳がない。そうして自分の所で出した菓子箱が、転々しているうちに黴《かび》が生えて、また戻って来たという話がある。

一つの菓子箱をもらうと、それを十人ぐらいで評価する。この菓子箱、幾らだと思う。これは一円五十銭ぐらいだろう、いや八十銭ぐらいだよ、なに六十銭さ、中には二円ぐらいという奴もいる。そこで十人の答えを寄せて十で割って、それに相当するだけの物を買うて返す。作麼生《そもさん》、功徳ありやまた無しや。

さてここです。有漏《うろ》か無漏《むろ》か、虚《きょ》か実《じつ》か、仏法か鉄砲か、思量か非思量か畢竟如何《ひつきょういかん》、とギューとやってみる、これが工夫ということですな。本を得て末を愁うること莫れ、この作麼生とやり、畢竟《ひつきょう》如何とやる、ここが只管打坐《しかんたざ》ということです。

汚《けが》れなき悟り

大智禅師の『十二時法語』に、

「仏祖《ぶつそ》の正伝《しょうでん》はただ坐禅にて候《そうろう》。坐禅と申すは、手をくみ足をもくみ、身をもゆがめず、正しく持《もた》せたまひて、心に何事もおもふことなく、たとひ仏法なりとも、心をかけずして御座候《ござそうろう》べし。其《それ》を仏《ほとけ》にもこへたると申し候なり。況《いわん》や生死《しょうじ》の流転《るてん》をや。此身一たび諸仏の願海に捨て候て後には、ただ諸仏の御振舞の如くに行ぜさせたまひ候ひて、二たび私に我身をかへりみることあるべからず」

仏法の中へボソッとはまり込んでしまって、自分——我身というものを顧みない。

この『十二時法語』は、大智禅師が菊池武時に授けられた法語です。ここの所だけが容易に体得できぬものと見えて、いつの時代でも、ここの所に行き悩みができるのです。

『伝光録』に第五十二祖すなわち永平寺の二代様懐奘禅師が道元禅師に参禅せられた因縁を、肉なお温かき三代様の太祖大師が認めてござらっしゃる一段があります。

二代様は比叡山の円能法印の許で十八歳の時に得度された。それから一心に勉強されて、ある時お母さんの所に帰ってみると、お母さんは、「お前を坊さんにしたのは、名利の学業を積んで、名高い偉い坊さんになってもらいたいためではない。黒衣の人となって、一生涯、背には笠を負う雲水になってもらいたいのだ」と言う。これを聴いて二代様は、叡山に戻らず、母の仰せのごとく黒い衣に身を包んで、小坂の証空上人に従って、念仏の奥義を究め、それから多武峯の仏地上人に参禅して禅の奥義を得られた。

そのころ道元禅師が中国の大宋国から正法を伝えて帰られて建仁寺におられ、これを弘めようとしていられることを聞かれた。しかし二代様のお考えでは、わしはすでに天台の三止三観に通じている、浄土一門の奥義にも通じている、そのうえ多武峯に参じて見性成仏《けんしようじようぶつ》のむねも明らめた。中国へ行かれたと言っても、大したことはあるまい、まあ試してやれ、というくらいの考えで道元禅師にお目にかかって、両三日の間話してみると、自分の境涯と同じことである。やはり中国へ行かれた方だけあって、わしくらいの所には行ってござらっしゃると思った。しかし日数を経るに従って、次第に道元禅師の見解とは違うものができてきた。ついにお弟子になって、その後は禅師の侍者《じしや》として、一日も師の傍を離れず、影の形に添うごとくお世話申し上げたのです。

その二代様は道元禅師よりお歳が上でしたが、禅師が五十四歳で亡くなられてからは、二十五年の間、道元禅師の宗風を弘め、いよいよ最後の八十一歳になって、これだけは説いておかなければ、後世必ず間違いを起こすという思召《おぼしめ》しで説かれたのが、『光明蔵三昧《こうみようぞうざんまい》』という書物です。しかしこれも一言にいえば「本を得て末を愁ふることと莫れ」の道理に尽きるのです。

これによって見ると、ただ仏道修行ということを、間違いなく修行せよ。おかしなことを悟りと思うて、間違ってはならぬぞ、「漢土《かんど》、隋唐宋《ずいとうそう》より今に至るまで稲麻竹《とうまちく》葦《い》の如し、あはれまざらんや」と間違った悟りをしている者がどれだけあったか知れないと、懇切ていねいに説かれている。

悟りといっても、別に遠方のことでもない、変わったことでもない。大鑑慧能《たいかんえのう》禅師の所に南嶽《なんがく》の懐譲《えじょう》禅師が来た時に、慧能禅師は「甚麼物是恁麼来《なにものこれいんもらい》」――何者が何しに来た。これは実に余韻のある言葉ですな。何者が何しに来たか。我々の人生も「甚麼物是恁麼来」です。一生何しに来たのか訳《わけ》が分からぬ。金借りに来たか。ただ食うだけで食道から便所へ樋《とい》かけて置いてもらいたいような人間がいくらもある。警察に厄介をかける奴、親不孝で親を泣かす奴、嬶《かかあ》にやきもちを焼かせる奴、おやじに腰巻かぶせる奴、しかも「甚麼物是恁麼来」と言うて、警策《きょうさく》でピシリとやっても分からぬ奴がある。生きておっても死んでおっても、あまり違いのないようなものは生甲斐はないのです。

さて慧能禅師からそう言われたが、何とも答えようのなかった南嶽が、八年経ってから再びやって来て、「この前に師が、甚麼物是恁麼来とおっしゃったが、ようよう分かりました」「どう分かったか」と言われたから「説似一物即不中《せつじいちもつそくふちゅう》」と答えたのです。――この似は示すで、説いて一物を示すも中《あた》らずと読む。南嶽は、何しに来たと言われても、これこれだと説いても中《あた》りますまい、と言ったのです。これはなかなか面白い言い方で、我々の方でも「大和魂は何だ」と問われると、「敷島《しきしま》の大和心《やまとごころ》を人《ひと》問《と》はば　朝日に匂う山桜花《やまざくらばな》」と答える、これも説似一物即不中です。

日々夜々《にちにちやや》の修行

帝釈天《たいしやくてん》が、菩薩方に天人の花を降らしたら、水の上に雪が降るように、スウーと消えてしまった。須菩提《しゆぼだい》の所に花を降らせたら、ベッタリ引っついたという話がある。これは須菩提には、まだ我執があったことを戒めているのですが、我々の修行にも、修行したというカスが残っておっては、いくら修行してもカスにしかならない。おれはどこそこで何年修行した、公案を幾つ通ったとか、そんなことにベッタリ引っついておったら、これも染汚《ぜんな》した修行です。

悟りとは悟らぬ前の迷なり　悟りて見れば悟る物なし

言葉を換えて言えば、悟りの始めとか修行の終わりというものはない、悟った憶えもない、修行した憶えもないと言うのです。そう行けばしめたものだ。蘇東坡《そとうば》の詩にこういうのがある。

廬山煙雨浙江潮　（廬山《ろざん》は煙雨《えんう》浙江《せつこう》は潮《うしお》）

未レ到千万感不レ消　（未《いま》だ到《いた》らざれば千万感消《かんしょう》せず）

到得還来無二別事一　（到《いた》り得《え》還《かえ》り来たって別事《べつじ》無し）

廬山煙雨浙江潮　（廬山は煙雨浙江は潮）

私も廬山に行ったことがある。行くまでは、廬山とはどんな美しい山だろう、中国の東林寺、虎渓三笑《こけいさんしょう》というのは、どんな寺か知らん、どんな霊所か知らん、白蓮社というたらどんな所か知らんと思った。雲がかかった鄱《は》陽湖《ようこ》は、雨に包まれた五老峯は、揚子江は……と、千万の感をもって胸躍らしていた。が、さていよいよ行ってみる。別に変わったこともない。しかし変わったことがないと言っても、行って見んことには分からない。到り得還り来たって別事なし、行って見ればどうということはない。元々通り廬山は煙雨浙江は潮である。

坐禅というもの、仏道修行というものも、本当のことを言うと、それは苦労しただけしか千万感消せぬわけなのです。それにはどうするかと言えば、姿勢を正し、形を正し、法の通り坐る。そしてこの生活態度をもって、つまり坐禅を根本として日々夜々、寝ても覚めても、自己の脚下を反省して、箸《はし》の上げ下げにも、造次《ぞうじ》にも、顚沛《てんぱい》にもこの工夫を怠らず、この修行のあるところ、一歩は一歩、二歩は二歩だけ高くなければならぬ。

　そこで、それをいつ得たと区切りをつけたいと思うが、そういう区切りはつけられるものではない。印可《いんか》証明を得たという坊さんでも、スベタ女と駆け落ちするようなことが世の中によくあるものです。そんな崩れ落ちる修行でなしに、この「本」というものを工夫し、実参実究して、この「本」を得て、それが何になるとかならぬとか、悟りが有るとか無いとかいうことをやめて、「但だ本を得て末を愁うること莫れ」と工夫することが最も大切なことであります。

参禅の秘訣

仏法の正門

参禅の真訣《しんけつ》、坐禅の口訣《くけつ》というような話をしてみようと思います。坐禅はもとより坐臥《ざが》にあらず、坐臥を脱落すべしというのだから、ただ坐るという文字に捉われちゃいけない。いわゆる生活即宗教で、生活の全部が宗教にならなければダメである。その生活即宗教が、なぜ坐禅になるかというと、これは道元禅師様が『正法眼蔵』弁道話の中に、「これ（坐禅は）仏法の正門《しょうもん》なるをもてなり」と明らかにお説き示しになっている。

よく、「坐禅はなぜするものか」と言う人がある。坐禅は何もするものではない。自己に親しむものである。親しむにもいろいろあって、我々は酒に親しんでいるとか、僕はこのごろ妾《めかけ》に親しんでいるとか、私はマージャンに親しむ、余はゴルフに親しむなどと、親しむことを客観にばかり求めている。そして自己に親しむことは、はなはだ迂遠である。まるっきり自己に親しむことをしないのです。ところでこの坐禅ばかりは他の客観でなしに、徹底自己に親しむのである。しみじみと、自分というものがどんなものかを見るには坐禅に限るのです。私も寺にいる時分には、寺の門を閉めて黙々と坐禅をしたものです。

自分の寝姿というものは自分では見えないのです。自分の寝姿を見たという者は誰もおらんですな。私はあるとき床屋へ行って、髪を剃ってもらいながら眠ってしまった。床屋に起こされた時、鏡に映った顔はもう寝顔じゃない。私が子供の頃、十一か二の時だと思うが、よくおばさんの所へ行って泊まった。ランプの下で、おばさんが搔巻《かいまき》を私に着せて、独り言をいうている。「この子の可愛らしい寝顔を見い」、私はそれをウツラウツラ聞いておったものである。それを今、床屋で思い出した。私の寝顔は可愛らしいのかなあと思った。しかし床屋に揺り起こされて映った顔は、あんまり可愛らしい顔じゃない。「ああ、わしの寝顔は永久に見られぬわい」と床屋で悟った。

坐禅もその通りで、自分が、どれだけ、どうしているかということは分からない。ただ坐禅することのみできる。そいつを客観化して、「ははーん、今どの程度の坐禅をしているか」と見たいのが人間の欲、凡欲というものである。実際自分が、ただ坐禅しているところが、それが仏さんなのである。それが成仏なんである。それが私達の言おうと思う坐禅すなわち黙照禅《もくしょうぜん》の本領なのである。

正味は覚触《かくそく》

ところが、坐禅をたいていの人は、何やら味噌に骨のあるような、意地の悪そうな、そんなものを禅だと思っている人がある。また公案《こうあん》たらいうものを考える。公案をキャラメルでもなめるように考えるものと思っている。私の所へ、七十幾つになるというのだが、三十何年も坐禅しているという老居士がやって来た。何やら煩悶があると言って、

「坐禅すれば煩悶もないはずですが、どういうものでしょうか」

と尋ねるから、私は、

「あんた、坐禅したところで、公案みたいなものを考えて、キャラメルをなめるようになめておったろう」

と言ってやったら、「へえ」と言っていたが、これで大分悟ったそうです。

三十幾年、坐禅やったところで少しも人格と関係がない。自分というものと関係なしに悟っておるのだから、そんな悟り方なら、我々も子供の時分に幾つでも悟った。しかし、そんなものは謎かけと同じことで、また試験の答案と同じ、数学の宿題と同

じことで何でもない。

要するに筋肉の構えからして人間ができなければダメなんだ。筋肉の構えからなるのが、つまり常済大師の言葉にある「覚触《かくそく》」ということである。身《からだ》でやることです。我々は仏法を覚触するのです。

「あかんべい」とやってみる。別にこんなことは理屈も何も要らない。覚触するのです。この覚触で誰でも笑う。鼻の頭を押し、獅子鼻にして両方の指先きで目じりを下げて舌を出したらどうなる。両頬を引っぱって、お多福にして目をパチパチしたらどうなる。そんな面倒な理屈は要らない。ただやれば笑うのだ。覚触でよいのだ。身で行なうのだ。両方の掌を合わせて合掌をしたらどうなる。どうなるのじゃない、先ずやればよいのだ。理屈じゃない、覚触なのだ。理屈は後からつけたものです。この正味のところが覚触です。正味を知らんものだから理屈ばかり言うている。正味なしで提唱などをやるものだから、面倒くさい字の講釈ばかりしているのだ。

そこで覚触ということだが、坐禅は坐禅の掟に従って、キチンと結跏趺坐《けっかふざ》し、半跏《はんか》趺坐するのである。剣術家は剣術家のような構え、柔術家は柔術家持前《もちまえ》の構えになるものである。この構えになるのが覚触である。同じ構えでもグータラにやっているのは隙《すき》のある構えである。ピリッとして寸分隙《すき》のない構えにならなければダメである。坐禅にしても、仏々祖々の遊ばされたようにしなければダメである。これを私は、ラジオでいえば波長を合わすところだと言う。仏々祖々の構えと同じ構えになってこそ始めて、この波長がカチャッと合うのである。この覚触を忘れ、正味を離れて、いくら公案をたくさん解いたからとて、自分の人格と少しも関係がないじゃないか。そういうようなことを、はっきり言われたのが、道元禅師様の『正法眼蔵』の坐禅箴《ざぜんしん》とか、永平寺二代の懐奘《えじょう》禅師様の『光明蔵三昧』とかいう書物ですが、これらはその謬《あやま》りを匡《ただ》すためにお書き遊ばされたものです。

どうかすると仏法というものが理念になってしまう。頭で考えたものや、口で言うことになってしまう。そうではない。仏法は構えです。覚触です。それを宗門の用語で「威儀即仏法《いいぎそくぶっぽう》、作法是宗旨《さほうこれしゅうし》」と言うのです。ところが、こいつをまた、頭の悪い奴が取り扱うというと、威儀即仏法で、ちょうど木偶《でく》人形の踊りみたいに、手を上げ体を振って、いわゆる「ゴーン・スー」とか言うて、それを仏法やと思う。そこが実に危ないところなんです。ここが秘伝の呼吸です。しかも、そいつを忘れている者が多いです。そいつを忘れたら中身なしになってしまう。

説法は迎え水

学問ばかりしている人は頭で仏法を想像するのだから難しいことおびただしい。何々的、何々的たら言うて三段論法をやる。もっとも仏教にも因明《いんみよう》という面倒な論理学がある。難しいものですな。わざわざ遠まわりをして言うのである。兄嫁の舅《しゆうと》の命日という話があるが、兄嫁の舅の命日だから親父の命日である。それを「兄嫁の舅の命日にして、而《しこう》してまた妹婿の舅の命日、なお他人の命日の如くにあらず」と言ったという話がある。つまり弁証法的、何々的、的、的、的……と言うので、中身には一向関係なしに回わりくどいことを言うのが学者さんだ。それでは一向肚《はら》は練れない。

また学者でない人は、威儀即仏法作法是宗旨ということを、役者のように真似することのように心得ている。魂の抜けた威儀即仏法の店番をしている。

そこでこの坐禅というものは、この両極端を離れて、いわゆる仏祖と波長の合うた、覚触すなわち身の行の中から出発して、そうして一切のことを自由に取り扱おうというのである。

禅宗では、不立文字教外別伝というて、文字を不要のものとしているにもかかわらず、蔵経の目録から見ると禅宗の書物が一ばん多い。これでも不立文字なのかと誰でも驚くけれども、それは当たり前の話である。みなその人その人が腕力を振るって自由に創作しているのだ。口先だけで受け継ぎをしてはいないのだ。猿真似をしてはいないのだ。私は最初は昔の言葉さえ憶えたら問答が強くなるのだと思うておった。ちょうど浄土宗のお十念のように、「南無阿弥陀仏」と言われたら、「南無阿弥陀仏」とそのまま吸い込んでおけばよいと思ったものだが、そうではない。

説法を聴くにしても、説法を聞いて憶えただけじゃしようがない。憶えるような説法の仕方は、どちらかというと下手糞やな。こんなものは役に立たんのである。また後では役に立たんというのが本当である。なぜかと言うに、説法はちょうど迎え水のようなものだと私は言うのだ。ポンプをグスングスン動かす。どうしても、うまいこと水が出ぬ。そこへ柄杓で一杯の水を入れてグスングスンやると、こんどは中から水を吸い上げてくる。ドクドクと水が出てくる。だから仏法においては、説法はこの柄杓に一杯の迎え水なのだ。説法そのものが仏法の全部ではないので、説法という迎え水で、各自の生活の水を引き出すものなのだ。生活を引き出さなければ威儀即仏法にはならぬ。

仏教学の中には教相《きょうそう》ということがあるが、これは増上縁《ぞうじょうえん》である。増上縁というのは「与力不障《よりきふしょう》」で、力を与えて邪魔にならぬことである。修行の邪魔にならん。これによって修行をする目星がついたらよい。後はそれによって自分でやることだ。そいつをそのまま速記して、「おれはどれだけ速記した」と言って持っていたところで、あまり自慢にならんわけだ。そんな暇があるなら、さっさとやるがよい。迎え水は柄杓に一杯でいい。あとは自分でポンプを揺すったらよい。その揺するということは、すなわち覚触をやってみることだ。

ごまかされるな

さていよいよ実地に始めるとなると、またいろいろ不都合が起こってくる。『証道歌』の中に「二乗は精進して道心なく、外道は聡明にして智慧なし」とあるが、永嘉《ようか》大師は今から千年も前に面白いことを言われたものである。声聞縁覚《しょうもんえんがく》の二乗は、一生懸命にやっておるけれども自他法界平等《じたほっかいびょうどう》とはゆかぬ。大乗では自他法界平等でなければならぬ。つまり二乗の輩は、自分だけ解脱しようとして努力するのである。今日の言葉でいえば逃避するためにやるのである。迷うのが恐ろしさに、自分だけ迷わぬようになろうというのである。そして外道は聡明ではあるが智慧がないと言って、あらゆる禅の弊害、仏法の弊害をこのわずかな言葉で言い尽くしている。

そうすると我々は、外道にならず、二乗にならず、もちろん凡夫にもならず、禅、仏道というものをしみじみと翫味《がんみ》してみると、それは結局、坐禅の仕方をよく聞いて、その坐禅の仕方によって坐相を正し、覚触をやって呑み込んで、「なるほど、ここに仏道があるな、仏道というものは先ずこの辺のところかな」と分かってくる。そうでなかったら、いくら仏法を憶えても、自分というものとは少しも関係がない。

非常に高尚らしいことを、ああ言い、こう言いして、人が何か言うと、「そんな低いことを言うているか」てなことを言って、ちょいと博学ぶる。我々小僧の時分でも、師家《しけ》たら何たらいうのは小面憎《こづらにく》いもので、「へん、そんな、ちょろいことを言うか」と言って、肩の凝るようなことを言うておった。そうして、瓢簞《ひょうたん》の川流れみたいなことを言うのが問答だと思っている。またそれが禅僧らしいのだと考えている。

だから、禅僧のことを、ある方面から見ると、不死矯乱《ふしきょうらん》ということになる。涅槃経第二十五巻の六十二見《けん》の中に一つの不死矯乱論があるのです。「如何なるか是れ仏法の大意」と言うと、「日は朝々東に出で月は夜々西に沈む」と中に何の意味もなしに言うておるのです。「仏法とは何でございますか」と言うたら、拳骨一つ突き出して「ヤッ」と言う。これまた何の意味もなしにやっておるのです。ごまかしなんです。そんなことは、とうにインドの時代から不死矯乱という名前がついているのです。インドの古い時代から繰り返しておるのです。

時計を出して、「これは時計に非ず、時計に非ざるに非ず、円にあらず角に非ず、ニッケルに非ず、プラチナに非ず」などと突拍子もないことを言って、足でポンと蹴ってみたりする。そんなことが禅であり、仏法であると思う。瓢箪の川流れのようなことをするのが高尚な説法だと、こう思った。そしてそうなるためには坐禅をして鍛錬をするものだと、こう思ったのである。西有禅師は、みなは坐禅のことを考え袋と心得ていると戒められたが、まったく坐禅は考え袋でもなければ何でもない。坐禅は仏行である。しかし坐禅をせぬ者には何とも言いようがない。坐禅をせぬ者に坐禅の功徳を説くのは、ちょうど赤ん坊に結婚を申し込むようなものだ。キャラメルでもやったら、好きだと言うだろうが、赤ん坊が好きと言ったって嫌いと言ったってしようがない。

緊張の妙味

坐禅した者と、した者同士、している者と、している者同士なら、ちゃんと分かるわけである。葉隠武士道の中に、

浮世から何里あろうか山桜

という句があるが、味を知らぬ者には話しようがない。いわゆる「説似《せつじ》一物即不中《いちもつそくふちゅう》」だ。

口で、なんとうまいことを言っても、うまいにもいろいろある。筍飯《たけのこめし》のうまいのもあれば、松茸飯のうまいのもある。お汁粉がうまい、薩摩芋がうまい、南瓜《かぼちゃ》がうまいと言う。そんならどんなふうにうまいかと言うと、食べたことのない者には分からない。うまいという言葉は一つだけれども、説いて一物を示してもすなわち中《あた》らず、何と言うても中らん。結局、自分で味わわねば分からぬ。最後はやるだけだ。

仏教というものを理念のように考えていることは大間違いだ。それならつまり、どんなものかと言うと「諸法本時寂滅相《しょほうほんじじゃくめつそう》」で、銘々行きつく所まで行きつくことだ。その行きつく所まで行きつくというのは、仕方で鍛錬するのである。弓の稽古をするに

しても、胸を張り手を伸ばして一生懸命にやっているが、あの一生懸命にやるところに妙味があるのである。ダラーッとしてやっていたのでは、ちょっとも妙味がない。修行というものは萱《かや》を抜くようなもので、いい加減にムスーッとやると手を怪我してしまう。ウンと気張って根本を摑《つか》んでピッとやったら根引きするのもわけはない。とにかく、やることに一生懸命になることだ。

オリンピックにしても、怠け合いにやるのなら妙味はない。万国の選手が寄り集まって一生懸命にやるものだから、そこにボーッと妙味が出てくるのである。人間は一生懸命になればなるほど気高く上品に見えるものである。

私はよう言うのですが、田舎の、半日に一遍か二遍出るか出ないかの、定期バスのバスガールが、油だらけの穴のあいたスカートを着けて、靴も履《は》かずに下駄《げた》履《ば》きで、おまけに白粉もろくろく塗っているのかおらんのか、塗っていたにしても剝《は》げ放題で少しも緊張したところもなく、デレーッとして乗っていたのでは、どう見ても美人には見えぬ。

ところが、ちょっとも油断のならぬ交通の激しい都会で、前後左右に目を配りながら、キチンとした服装で一分の隙もなく、緊張した声で「ストップ・オーライ」とやっているのは一種の好さがある。

この話をある警察でしたところが、その署長さんが、「なるほど、そうです。田舎の交通巡査が人通りの頻繁でない所でやっているのは、どうも気乗りがせん」と言っていました。東京の真ん中で、後から後からと自動車が波のように押しよせてくる。その中に立って血眼になって手を曲げたり、振ったりしているとピンと来るんです。坐禅もその通りです。グニャッとやっているのでは何にもならぬ。一生懸命になるところに妙味があるのです。一生懸命になりさえすれば「一超直入如来地《いっちょうじきにゅうにょらいち》」で、そのままが仏さんとちょっとも違わぬ。

狙いの定め方

以前に私は、博多の七里和上《しちりわじょう》さんに付いておった村田静照師の念仏を聞いたことがあるが、静照師は常に「皆さん、はまりが浅い、はまりが浅い」と言われていました。この「はまりが浅い」ということは、つまり実の入らない念仏で、グニャッとして「なんまんだぶ、なんまんだぶ」と何万遍繰り返したって、極楽とは一向関係がないという意味だ。射撃と同じように、しっかり狙いがつかなければいかん。それが工夫である。雲水が坐禅するのに、狙いの外れている奴がある。あんな奴はねじ殺してやりたい気がする。そんなこと何十年したって仏法とは関係がない。鉄砲だけ向けても的には当たらない。ただボンヤリ坐禅をやったからって、それで仏になるものじゃない。それから先の狙いの定め方が坐禅の修練というものである。坐禅する者に言わしたら、もう何度も坐禅をしたから卒業したと言う。ところがいくら慣れているからとて、狙いを定めずに撃《う》ったら的は外れる。工夫なしに坐禅をしても何にもならぬ。狙いが定まって初めて的が見える。そこで撃ってこそ初めて百発百中当たるので、そこに坐禅の要領がある。

引けばなる引かねばならぬ鳴子《なるこ》かな

鳴子があるからというて雀の呪いになるのじゃない。鳴子があるから引っぱることができる。信ずるということは、鳴子を引っぱりさえすれば鳴るということを信ずるので、引っぱらなんだら何万年経っても鳴りはせん。道元禅師様も「修《しゅ》せざるにはあらはれず、証《しょう》せざるには得《う》ることなし」と仰せられてある。

卍山《まんざん》和尚に、このことについて、こういう偈《げ》がある。

一寸静坐一寸仏　（一寸《すん》の静坐《じょうざ》、一寸の仏）

縦是念生如㆓電払㆒（縦《たと》え是《こ》の念生《ねんしょう》ずるも電《でん》の払うが如《ごと》し）
諦㆓了自己方寸心㆒（自己《じこ》方寸《ほうすん》の心を諦了《たいりょう》すれば）
元来大地無㆓他仏㆒（元来大地《がんらいだいち》に他仏《たぶつ》無《な》し）

いくら卍山和尚が「一寸坐れば一寸の仏」だと言ったからとて、いい加減に「一寸坐れば一寸の仏と言うてなあ」などと、居眠りしながら坐禅したって一寸の仏にもなる気遣いはない。

天地一枚の坐禅

今までの私の話を十分に呑み込んで、狙いの外れぬ工夫の道がついたなら、そこが、道元禅師様の『普勧坐禅儀《ふかんざぜんぎ》』の中に仰せられている「心意識《しんいしき》の運転《うんてん》を停《や》め、念相観《ねんそうかん》の識量《しきりょう》を止《や》め」ということである。「妄想《もうぞう》が起こりますが、どうしましょう」などと言って、ボーッとなることを悟りだと想っている。そんなものは悟りでも何でもない。

『坐禅用心記《ざぜんようじんき》』の中には、

「心《しん》若《も》し或《あるい》は沈むが如く、或は浮かぶが如く、或は朦《もう》なるが如く、或は利《り》なるが如く、或は室外を通見《つうけん》し、或は身中《しんちゅう》を通見し、或は仏身を見、或は菩薩を見、或は知見を起こし、或は経論に通利す。是の如《かく》き等の種々の奇特《きとく》、種々の異相は悉《ことごと》く是れ、念息不調《ねんそくふちょう》の病《やまい》なり」

とある。今の言葉では変態心理、脳神経科の患者である。

坐禅は正気にならなければ困る。正気に的を狙って、坐禅に一生懸命になって覚触の整うたところを「心意識の運転を停《や》め、念相観の識量を止め」と言うのであって、「坐禅すると無念無想、何も思わんようになりますか」などと訊《き》く奴があるが、そんなこととは問題が違う。隣りの赤ちゃんが泣いている。坐禅していたら聞こえんかというと、耳には勝手に聞こえてくる。前を美人が通れば、目には勝手に見えてくる。そこのところが「縦《たと》え是の念生ずるも電《でん》の払《はら》うが如し」で何が通ろうと、何が聞こえようと一向お構いなしである。ガラスに私の顔が映るのも同じだ。

自己方寸《ほうすん》の心を諦了《たいりょう》すれば、己《おのれ》なく己ならざる所なしじゃ。天地と同根、万物と一体じゃ。元来、大地に衆生なし、我と一切衆生と草木国土《そうもくこくど》悉皆成仏《しっかいじょうぶつ》、天地一枚、たった一つの坐禅があるばかりじゃ。その他には何もない。これが坐禅である。

坐禅の坐相と心構えについては道元禅師様の『正法眼蔵』坐禅儀を拝読するとよい。わずかな文章ですけれども、たびたび朗読すると、あまり長たらしい文句よりも、短い文句で坐禅のことをよく呑み込むように示されたものであるということが分かるのであります。

正法眼蔵坐禅儀

参禅は坐禅なり。坐禅は静処《じょうしょ》よろし。坐蓐《ざにく》あつくしくべし、風烟《ふうえん》を、いらしむることなかれ、雨露《うろ》をもらしむることなかれ、容身《ようしん》の地を護持《ごじ》すべし。かつて金剛のうへに坐《ざ》し、磐石《ばんじゃく》のうへに坐する蹤跡《しょうせき》あり。かれらみな草をあつくしきて坐せしなり。坐《ざ》処《しょ》あきらかなるべし、昼夜《ちゅうや》くらからざれ、冬暖夏涼《とうだんかりょう》をその術《じゅつ》とせり。諸縁《しょえん》を放捨《ほうしゃ》し万《ばん》事《じ》を休息《きゅうそく》すべし、善也《ぜんや》不《ふ》思量《しりょう》なり、悪也《あくや》不《ふ》思量《しりょう》なり。心意識《しんいしき》にあらず、念想観《ねんそうかん》にあらず、作仏《さぶつ》を図《ず》することなかれ。坐臥《ざが》を脱落《だつらく》すべし、飲食《おんじき》を節量《せつりょう》すべし。光陰《こういん》を護惜《ごしゃく》すべし、頭然《ずねん》をはらふがごとく坐禅をこのむべし。黄梅山の五祖、ことなるいとなみなし、唯務坐禅《ゆいむざぜん》のみなり。坐禅のとき、袈裟《けさ》をかくべし、蒲団《ふとん》をしくべし。蒲団は全跏《ぜんか》にしくにはあらず、跏趺《かふ》のなかばよりはうしろにしくなり。しかあれば累足《るいそく》のしたは坐蓐《ざにく》にあたれり、背骨のしたは蒲団にてあるなり。これ仏々祖々《ぶつぶつそそ》の坐禅のとき坐する法なり。あるいは半跏趺坐し、あるいは結跏趺坐す。結跏趺坐は、みぎのあしをひだりのももの上におく、ひだりの足をみぎのもものうへにおく、あしのさき、おのおのももとひとしくすべし、参差《しんし》なることえざれ。半跏趺坐は、ただ左の足を右のもものうへにおくのみなり。衣衫《えさん》を寛繫《かんけ》して斉整《せいせい》ならしむべし。右手を左足のうへにおく、左手を右手のうへにおく、ふたつのおほゆび、さきあひささふ。両手かくのごとくして身にちかづけておくなり。ふたつのおほゆびのさしあはせたるさきを、ほぞに対しておくべし。正身端坐《しょうしんたんざ》すべし、ひだりへそばだち、みぎへかたぶき、まへにくぐまり、うしろへあふのくことなかれ。かならず耳と肩と対し、鼻と臍《ほぞ》と対すべし。舌はかみの腭《あぎと》にかくべし。息は鼻より通ずべし。くちびる・歯あひつくべし。目は開《かい》すべし、不張不微《ふちょうふび》なるべし。かくのごとく身心《しんじん》をととのへて欠気《かんき》一息《そく》あるべし。兀兀《ごつごつ》と坐定《ざじょう》して、思量箇不思量底《しりょうこふしりょうてい》なり、不思量底如何思量《ふしりょうていいかんしりょう》、これ非思量《ひしりょう》なり、これすなはち坐禅の法術《ほうじゅつ》なり。坐禅は習禅《しゅうぜん》にはあらず、大安楽《だいあんらく》の法門《ほうもん》なり、不染汚《ふぜんな》の修証《しゅしょう》なり。

爾時寛元元年癸卯冬十一在㆓越州吉田県吉峰精舎㆒示衆

坐禅を好むべし

これはたびたび朗読するとよい。この中に坐る注意をこまごまと示されているが、結局、要は坐禅の時ばかりが大切じゃない、坐臥を脱落すべしである。生活即宗教なのだから、人を坐禅させるために自分が飯炊きをすることもある。人を坐禅させるために銭勘定《ぜにかんじょう》をする人もある。そこである。生活全部が坐禅弁道なのである。

この中に「頭然《ずねん》をはらふがごとく坐禅をこのむべし」という句があるが、この「坐禅をこのむべし」というのが大事である。「わしも来年になったら隠居して坐禅でもしたいものだ」、こんなんではダメである。道元禅師様は「唯《ただ》こころざしのありなしによるべし」と仰せられている。いつが坐禅する時間であると決まっているものじゃない。坐禅する時間を当てられると逃げて行く奴がたくさんある。坐禅を好まなければダメである。

無住禅師の『沙石集《しやせきしゆう》』にこういう話がある。ある囲碁の好きな老僧があった。冬の夜でも打ち明かすほど熱心なのだが、中風の気があるので、夜の更けるとともに手が冷えて仕方がない。「小僧や小僧、炮烙《ほうろく》で碁を炒ってくれ」と言っては、碁石をよい按配《あんばい》に温《ぬ》くとうして打っている。油がなくなると「小僧や小僧、そこで萩の枝を燃やしてくれ」と言いつけて、その明かりで碁を打つ。萩の枝を燃すのですから灰が飛んで来て身にふりかかる。そこでまた「小僧や小僧、灰が飛んでくる、傘をさしかけてくれ」、こう言って夜を徹したという。この熱心さを皮肉って無住禅師は「坐禅修行なんど、これほどにせん人、悟道かたからじ」と言われた。この老僧が碁を好むように坐禅を好むなら、きっと悟りが開けるというのである。

坐禅は仏道の本筋の仕方である。この本筋の仕方によって、仏と波長を合わせ、覚触を体験するということが、我々の最も身を入れてやらねばならぬことである。「坐禅儀」の最後に「坐禅は習禅にはあらず」——坐禅は積みあげてゆくものではない。「大安楽の法門なり」——坐禅は苦しみではないと仰せられた。大安楽とは行き着く所まで行き着いたことである。そして「不染汚の修証なり」で、悟りを開いたからといって、それを人に誇ったりするものでもないというのである。間違わんように、しっかりやってもらいたい。

本書のなかには今日の人権感覚に照らして不適切と思われる語句がありますが、差別を意図して用いているのではなく、また時代背景や作品の価値、作者が故人であることなどを考え、原文通りとしました。

本書は一九九七年十一月、大法輪閣より刊行された。

ちくま文庫

禅談《ぜんだん》

二〇一八年四月十日　第一刷発行

著　者　澤木興道（さわき・こうどう）
発行者　山野浩一
発行所　株式会社　筑摩書房
東京都台東区蔵前二―五―三　〒一一一―八七五五
振替〇〇一六〇―八―四一二三
装幀者　安野光雅
印刷所　株式会社精興社
製本所　株式会社積信堂

乱丁・落丁本の場合は、左記宛にご送付下さい。
送料小社負担でお取り替えいたします。
ご注文・お問い合わせも左記へお願いします。
筑摩書房サービスセンター
埼玉県さいたま市北区櫛引町二―六〇四　〒三三一―八五〇七
電話番号　〇四八―六五一―〇〇五三

ISBN978-4-480-43516-3 C0115